E-Mail-Marketing kompakt

Ralf T. Kreutzer

E-Mail-Marketing kompakt

E-Mail-Adressen gewinnen, Kampagnen entwickeln und kontrollieren, die passende Software finden

2., vollständig überarbeitete Auflage

 Springer Gabler

Ralf T. Kreutzer
HWR Berlin
Berlin, Deutschland

ISBN 978-3-658-34216-6   ISBN 978-3-658-34217-3   (eBook)
https://doi.org/10.1007/978-3-658-34217-3

Die Deutsche Nationalbibliothek verzeichnet diese Publikation in der Deutschen Nationalbibliografie; detaillierte bibliografische Daten sind im Internet über http://dnb.d-nb.de abrufbar.

Lektorat: Angela Meffert
Springer Gabler ist ein Imprint der eingetragenen Gesellschaft Springer Fachmedien Wiesbaden GmbH und ist ein Teil von Springer Nature.
Die Anschrift der Gesellschaft ist: Abraham-Lincoln-Str. 46, 65189 Wiesbaden, Germany

Vorwort

Liebe Leserin, lieber Leser,
das E-Mail-Marketing ist so wichtig und wertvoll wie nie zuvor. Und das, obwohl Social-Media-Propheten der E-Mail immer wieder ein baldiges Ende vorhergesagt haben. Die E-Mail und das E-Mail-Marketing erfreuen sich in sehr vielen Unternehmen einer großen oder sogar einer zunehmenden Bedeutung. Warum? Ganz einfach:

E-Mail-Marketing kann und soll verkaufen – ganz im Gegensatz zu vielen Social-Media-Anwendungen.

Per E-Mail und per E-Newsletter können Unternehmen Produkte/ Services und deren Vorteile plakativ herausarbeiten und zur weiteren Beschäftigung mit den Angeboten und auch zum direkten Kauf auffordern.

Im Zuge des **Content-Marketings** kommt dem Kanal „E-Mail" eine extrem hohe Bedeutung zu. Denn wie soll ich meine Kunden und Zielkunden denn darüber informieren, dass ein White Paper, eine neue Studie oder andere wichtige Informationen vorliegen? Über verschiedene Online-Banner allein oder durch eine Kommunikation in den sozialen Medien kann ich zwar zusätzliche Aufmerksamkeit schaffen. Aber mit einer E-Mail kann ich – eine Permission vorausgesetzt – davon ausgehen, dass alle meine E-Mail-Adressaten die Nachricht auch erhalten. Das ist bei klassischen (unbezahlten) Posts in den sozialen Medien längst nicht mehr der Fall. Hier sinken kontinuierlich die Raten der sogenannten organischen Reichweite.

Da viele Nutzer gerne ein Werk nur zum **zielorientierten Einsatz des E-Mail-Marketings** gewünscht haben, wurde dieser Band „E-Mail-Marketing kompakt" konzipiert. In diese Auflage sind neue Erkenntnisse zur Wirkung des E-Mail-Marketings eingeflossen. Außerdem wird ein Konzept vorgestellt, mit dem die Verkaufsleistung von E-Mails und E-Newslettern signifikant gesteigert werden kann. Das Werk basiert in hohem Maße auf den Ausführungen in meinem Standardwerk „Praxisorientiertes Online-Marketing", das in diesem Jahr in der 4. Auflage erschienen ist.

Wenn Sie diese Informationen nutzen, bleiben Sie auch im E-Mail-Marketing immer up to date!

Ich wünsche anregenden Lesespaß und eine erfolgreiche Umsetzung des Gelernten!

Herzlichst, Ihr

Ralf T. Kreutzer

Inhaltsverzeichnis

Über den Autor

Prof. Dr. Ralf T. Kreutzer
Professor für Marketing an der Berlin School of Economics and Law
sowie Marketing und Management Consultant
Badensche Str. 50–51
10825 Berlin

kreutzer.r@t-online.de
www.ralf-kreutzer.de

Prof. Dr. Ralf T. Kreutzer ist seit 2005 Professor für Marketing an der Berlin School of Economics and Law sowie Marketing und Management Consultant. Er war 15 Jahre in verschiedenen Führungspositionen bei Bertelsmann (letzte Position Leiter des Auslandsbereichs einer Tochtergesellschaft), Volkswagen (Geschäftsführer einer Tochtergesellschaft) und der Deutschen Post (Geschäftsführer einer Tochtergesellschaft) tätig, bevor er 2005 zum Professor für Marketing berufen wurde.

Prof. Kreutzer hat durch regelmäßige Publikationen und Vorträge maßgebliche Impulse zu verschiedenen Themen rund um Marketing, Dialog-Marketing, CRM/Kundenbindungssysteme, Database-Marketing, Online-Marketing, den digitalen Darwinismus, Dematerialisierung, digitale Transformation, Change-Management, strategisches sowie internationales Marketing sowie im Bereich Künstliche Intelligenz gesetzt und eine Vielzahl von Unternehmen im In- und Ausland in diesen Themenfeldern beraten und Führungskräfte auf Middle- und Top-Management-Ebene trainiert und gecoacht. Prof. Kreutzer ist ein gefragter Keynote-Speaker auf nationalen und internationalen Konferenzen und moderiert auch World-Café-Formate und weitere interaktive Formen der Gruppenarbeit.

Seine jüngsten Buchveröffentlichungen sind „Digitaler Darwinismus – der stille Angriff auf Ihr Geschäftsmodell und Ihre Marke" (2. Auflage, 2016, zusammen mit Karl-Heinz Land), „Digital Business Leadership – Digitale Transformation – Geschäftsmodell-Innovation – agile Organisation – Change-Management" (2017, zusammen mit Tim Neugebauer und Annette Pattloch), „Führung und Organisation im digitalen Zeitalter kompakt" (2018), „Digital Business Leadership, Digital Transformation, Business Model Innovation, Agile Organization, Change Management" (2018, zusammen mit Tim Neugebauer und Annette Pattloch), „Toolbox für Marketing und Management" (2018), „Toolbox for Marketing and Management" (2019), „Künstliche Intelligenz verstehen" (2019, zusammen mit Marie Sirrenberg), „Understanding Artificial Intelligence" (2019, zusammen mit Marie Sirrenberg), „B2B-Online-Marketing und Social Media" (2. Aufl., 2020, zusammen mit Andrea Rumler und Benjamin Wille-Baumkauff), „Die digitale Verführung" (2020), „Voice-Marketing"

(2020, zusammen mit Darius Vousoghi), „Kundendialog online und offline – das große 1x1 der Kundenakquisition, Kundenbindung und Kundenrückgewinnung" (2021), „Praxisorientiertes Online-Marketing" (4. Aufl., 2021), „Social-Media-Marketing kompakt" (2. Aufl., 2021), „Digitale Markenführung" (2021, zusammen mit Karsten Kilian), „Online-Marketing – Studienwissen kompakt" (3. Aufl., 2021) sowie „Toolbox für Digital Business" (2021).

1

Kennzeichnung des E-Mail-Marketings

Zusammenfassung In diesem Kapitel wird aufgezeigt, welche Bedeutung dem E-Mail-Marketing auch in Zeiten des verstärkten Einsatzes der sozialen Medien zukommt. Hierzu ist es von Bedeutung, die Einsatzmöglichkeiten des E-Mail-Marketings zu kennen und das E-Mail-Marketing zielorientiert zu nutzen. Dafür ist eine Kenntnis der Erfolgsfaktoren des E-Mail-Marketings unverzichtbar. Die nachfolgenden Ausführungen bauen auf dem Kapitel E-Mail-Marketing meines Buchs „Praxisorientiertes Online-Marketing" auf.

Was Sie aus diesem Kapitel mitnehmen

- Relevanz von E-Mails für die unternehmerische Kommunikation
- Einsatzfelder des E-Mail-Marketings für Kundengewinnung, Kundenbindung und Kundenentwicklung
- Einbindung des E-Mail-Einsatzes in die Customer Journey

Elektronisches Zusatzmaterial Die elektronische Version dieses Kapitels enthält Zusatzmaterial, das berechtigten Benutzern zur Verfügung steht https://doi.org/10.1007/978-3-658-34217-3_1.

Als **E-Mail** werden Nachrichten bezeichnet, die auf elektronischem Wege über Computernetze von einem Online-Nutzer zu einem oder mehreren anderen Nutzern übertragen werden. Der Begriff „E-Mail" ist von „electronic mail" abgeleitet. **E-Mail-Marketing** umfasst die systematische Übermittlung marketingbezogener Informationen per E-Mail bzw. per E-Newsletter (im Folgenden auch **E-Kommunikation**) zur Erreichung von Marketingzielen im B2B- wie im B2C-Markt. Bevor auf die verschiedenen Aspekte des E-Mail-Marketings eingegangen wird, ist zunächst eine wichtige Aussage zu treffen.

Die **Relevanz von E-Mails** nimmt weiterhin kontinuierlich zu. Auch der Siegeszug der sozialen Medien sowie der Messenger-Dienste (sei es *Facebook Messenger, Snapchat* oder *WhatsApp)* kann an der dominanten Stellung von E-Mails und des E-Mail-Marketings nichts ändern. Während im Jahr 2021 *Facebook* seine Nutzerzahlen „erst" auf über 2,8 Mrd. ausbaute, sind im gleichen Jahr über vier Mrd. E-Mail-Nutzer aktiv – Tendenz weiter steigend (vgl. Abb. 1.1). Darüber hinaus ist darauf hinzuweisen, dass kein *Facebook-, Twitter-* oder *Pinterest*-Account eröffnet und meist auch kein E-Banking und keine E-Commerce-Transaktion ohne E-Mail-Account durchgeführt werden können! Und das Gute an der E-Mail-Kommunikation – im Vergleich zu den sozialen Medien – ist, dass E-Mail verkaufen kann, soll und darf!

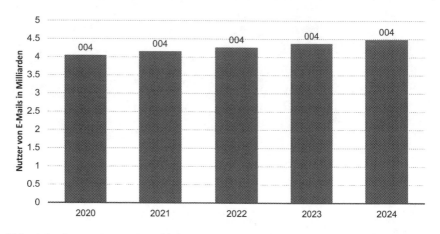

Abb. 1.1 Prognose zur Anzahl der Nutzer von E-Mails B2B und B2C weltweit bis 2024 – in Mrd. (Quelle: Statista, 2020, S. 13)

Dabei ist es von entscheidender Bedeutung, dass das E-Mail-Marketing konsequent in die **Customer Journey** – i. S. der Reise einer Person zum Unternehmen – eingebunden wird. Diese Customer Journey muss immer stärker online- und offline- sowie geräteübergreifend gedacht werden, um eine integrierte Kommunikation sicherzustellen. Welche Aufgaben damit verbunden sind, zeigt der Blick auf eine typische **Customer Journey** in Abb. 1.2. Hier wird sichtbar, welche **On- und Offline-Touchpoints** genutzt werden können. Die dort gezeigten Touchpoints (i. S. von Berührungspunkten zwischen Unternehmen und Interessenten/Kunden) stellen allerdings nur eine kleine Auswahl der Möglichkeiten dar. Gleichzeitig wird deutlich, dass die Grenze zwischen online und offline an Bedeutung verliert, weil Interessenten und Kunden – auch mobil – kontinuierlich zwischen den verschiedenen Welten hin und her wechseln können. Deswegen ist heute besser von **noline** zu sprechen. Folglich sind Marketingkonzepte „noline" zu entwickeln und zu implementieren. Dann muss nicht erst der Empfänger die einzelnen Kommunikationshappen und Prozessschritte zusammensetzen – um ggf. festzustellen, dass diese gar nicht zusammenpassen!

Abb. 1.2 Beispiel einer Customer Journey – von online und offline zu noline

Die **Bedeutung des E-Mail-Marketings für Unternehmen** zeigt sich darin, dass dieses im Rahmen des gesamten **Kundenbeziehungslebenszyklus** eingesetzt werden kann (vgl. vertiefend Kreutzer, 2021, S. 187–198). E-Mails eignen sich …

* zur **Ansprache potenzieller Kunden** (durch angemietete E-Mail-Adressen),
* zur **Kontaktaufnahme bei Interessenten** (die bspw. auf einer Website ihre E-Mail-Adresse hinterlassen haben),
* zur **Erbringung von Serviceleistungen** in der Pre-Sales-, Sales- und Post-Sales-Phase,
* zur **Auslieferung digitaler Produkte** (bspw. Auskünfte, E-Books und andere Arten von Dateien bzw. Daten) sowie
* zur **Vertiefung der Beziehung mit Kunden** (etwa durch Bedarfs- oder Zufriedenheitsabfragen).

Diese Einschätzung seitens der Unternehmen wird durch die tatsächliche Nutzung verschiedener Kommunikationskanäle bestätigt. Um diese zu ermitteln, wurden 1.008 Internetnutzer zu ihrem **Einsatz von E-Mails, Mobile Messenger/SMS und sozialen Netzwerken für die Kommunikation** nach Gesprächspartner in Deutschland befragt. In Abb. 1.3 wird sichtbar, dass E-Mails primär zur Kommunikation mit „offiziellen Stellen" (Unternehmen, Ämter, Vereine) eingesetzt werden. Aber auch bei der Kommunikation mit Arbeitskollegen/Schulkameraden steht die E-Mail noch auf Platz 1. In der privaten Kommunikation dominieren dagegen Messenger-Services sowie die sozialen Netzwerke.

Obwohl häufig kommunikative oder werbliche Ziele im Mittelpunkt des E-Mail-Marketings stehen und deshalb präziser von **E-Mail-Kommunikation** oder von **E-Mail-Werbung** gesprochen werden sollte, wird nachfolgend der unschärfere, aber geläufigere Begriff des E-Mail-Marketings verwendet, wenn nicht ganz spezifische Aspekte herausgestellt werden sollen.

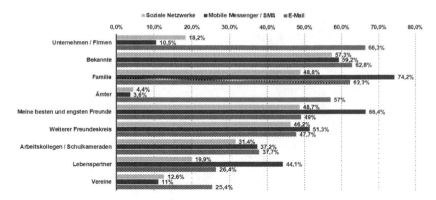

Abb. 1.3 Umfrage zur Nutzung von Kommunikationsmitteln nach Gesprächspartnern – in %. (Quelle: Statista, 2020, S. 24)

Im E-Mail-Marketing sind die folgenden vier **Ausprägungen der E-Kommunikation** zu unterscheiden:

* Trigger-E-Mails
* Transaction-E-Mails
* After-Sales-E-Mails
* E-Newsletter

Bei **Trigger-E-Mails** handelt es sich um E-Mails, die – meistens automatisiert – versendet werden, wenn bestimmte Kriterien erfüllt sind. Diese Kriterien werden **Trigger** (von Englisch „trigger" für „Auslöser") genannt, weil sie den Anstoß für bestimmte Kommunikationsmaßnahmen setzen. Trigger können personenbezogen definiert werden. **Personenbezogene Trigger** können bspw. die Erreichung von bestimmten Punkteständen bei Kundenbindungsprogrammen, der Auslauf der Gültigkeit von übersandten Coupons oder ein Guthaben auf dem Kundenkonto sein. Wenn ein Online-Shopper Produkte in den Warenkorb gelegt hat, ohne den Kauf abzuschließen (Fachbegriff „Warenkorb-Abbrecher"), kann dieses Verhalten ebenfalls Anlass für eine Trigger-E-Mail sein.

Qualifizierte **CRM-Datenbanken** können auch Warenkorbanalysen durchführen, um festzustellen, welche Produkte/Dienstleistungen gemeinsam gekauft werden. Dann können Online-Versender wie *Amazon* E-Mails mit dem Inhalt versenden: „Kunden, die wie Sie das Buch ‚Kreutzer, Praxisorientiertes Online-Marketing' erworben haben, kaufen häufig auch das Buch ‚Kreutzer, Kundendialog online und offline'. Das sollte Sie interessieren!"

Auch Geburtstage oder Namenstage von Kunden können als Trigger definiert werden. Zusätzlich können **personenunabhängige Trigger** festgelegt werden. Hier ist bspw. an den Valentinstag, den Muttertag, den Vatertag, an Ostern und Weihnachten wie auch an den Frühling-, Sommer-, Herbst- und Winterbeginn zu denken.

Im Kern geht es immer darum, durch Trigger-E-Mails einen Anstoß zu geben, um ein bestimmtes Verhalten der Zielpersonen auszulösen. Der Einsatz von **Trigger-E-Mails** kann im Rahmen von **Stand-alone-Kampagnen** erfolgen. Hier wird die Erreichung von Kommunikationszielen mit einem einzigen E-Mail-Versand angestrebt. Ziele können hier der Verkauf bestimmter Produkte/Dienstleistungen oder die Bekanntmachung einer neuen Kollektion mit der Aufforderung sein, ein stationäres Ladengeschäft oder einen Online-Shop aufzusuchen. Solche Kommunikationsketten werden im klassischen Dialogmarketing – dann allerdings papiergestützt – schon seit Jahrzehnten sehr erfolgreich eingesetzt.

So kann bspw. über mehrere Anstöße versucht werden, eine Zielperson zum Abschluss einer Versicherung oder zum Kauf eines Neuwagens zu motivieren. Schließlich sind Trigger-E-Mails häufig auch ein Bestandteil **cross-medialer Kampagnen,** um die Zielpersonen über verschiedene Kommunikationskanäle anzusprechen. Hierbei kann der Erstanstoß bspw. ein Plakat sein, das zum Besuch der Website auffordert. Gelingt es dem Unternehmen, die E-Mail-Adresse für die weitere Ansprache zu gewinnen, können sich weitere E-Mail-Anstöße anschließen.

Die hier aufgezeigten Beispiele beschreiben den Einsatzbereich der **Marketing-Automation.** Mit diesem Begriff wird das automatisierte Auslösen von wiederkehrenden Marketingaktivitäten bezeichnet. Das **Ziel der Marketing-Automation** besteht in der **Steigerung der Effizienz von Marketingprozessen** und der **Steigerung der Effektivität der Marketingmaßnahmen.** Im Kern geht es hierbei meistens um Kommunikationsanstöße, die systemseitig (d. h. ohne weitere menschliche

Eingriffe) aufgrund des Vorliegens der bereits beschriebenen Trigger erfolgen. Durch den Einsatz von Marketing-Automation können vor allem Prozesse des Kundendialogs effizienter gestaltet werden (vgl. vertiefend Hannig, 2017, 2020).

Die **Kernprozesse der Marketing-Automation** zeigt Abb. 1.4. Die Voraussetzung für eine Automatisierung ist das Vorliegen verschiedener Datenquellen. Neben selbst erhobenen **Kundendaten** (First-Party-Data) zählen hierzu auch Daten Dritter (Second-, Third-Party-Data), die bspw. zur Adressanreicherung dienen. Zusätzlich werden **Angebotsdaten** benötigt, um zu definieren, welche Produkte und/ oder Dienstleistungen besonders promotet werden sollen. **Erkenntnisse aus früheren Aktionen** tragen zur laufenden Optimierung bei. Bei ausgefeilten Konzepten der Marketing-Automation können weitere **Kontextdaten** einfließen (bspw. Informationen über das Wetter, über aktuell laufende Wettbewerberaktivitäten etc.).

Im Kern geht es bei Marketing-Automation um die Einrichtung **automatisierter Workflows** für Marketingaufgaben. Hierdurch wird es möglich, Maßnahmen zu entwickeln und automatisiert umzusetzen.

So kann die E-Mail-Kommunikation automatisierte **E-Mail-Strecken** umfassen, um eine kontinuierliche und differenzierte Ansprache unterschiedlicher Zielgruppen zu gewährleisten. Hierbei wird von **Dialogprogrammen** gesprochen. Der Einstieg in solche Programme kann ganz

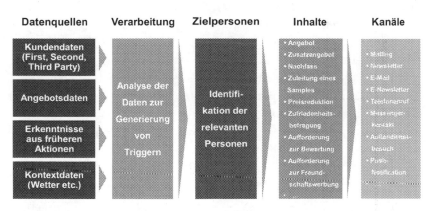

Abb. 1.4 Kernprozesse der Marketing-Automation

einfach erfolgen: Man lädt den Kunden bspw. ein, eine im stationären Geschäft ausliegende Karte auszufüllen, wie bspw. bei *mymuesli*. Die *Staatsoper Berlin* erfragt auf einer Postkarte die Interessensgebiete der Ticketkäufer, um den weiteren Dialog mit den Operbesuchern zu individualisieren. Die entsprechende **Einladung zum Dialog** lag den bestellten Tickets bei. Wenn auf der Website für den Einstieg in den Dialog mittels eines Newsletters geworben wird, dann sollte es nicht einfach heißen: „Newsletter abonnieren". Da ein Newsletter wie eine andere Leistung auch „verkauft" werden muss, ist ein **knackiger Call-to-Action** zu formulieren. Deshalb sollte es bspw. heißen: „Immer bestens informiert sein", „Die neuesten Trends erfahren", „Jetzt spannende Angebote erhalten" oder „Ab jetzt nichts Wichtiges mehr verpassen". Eine solche konsequente Nutzenargumentation erhöht die Response-Quote bei der Gewinnung eines Opt-ins für den E-Mail-Versand.

Wenn solche Einladungen erfolgen, ist hierfür eine überzeugende **Content-Strategie** zu erarbeiten, die wie in einem Redaktions-plan oder einem **Conversation-Plan** die zu kommunizierenden Inhalte zeitlich abgestuft für verschiedene Zielgruppen definiert. So können **Interessenten** durch automatisierte E-Mails (**„automatisierte Begrüßungsstrecke"**) sukzessive zu Käufern entwickelt werden. Hierzu sind die eigenen Leistungen zu präsentieren und attraktive Einstiegs-angebote zu unterbreiten. Kunden können durch **automatisierte More-, Cross- und Up-Sell-Strecken** zu weiteren Käufen motiviert werden. Parallel dazu gilt es, laufend weitere Informationen über das Profil der Interessenten und Kunden zu erhalten, um relevante Inhalte kommunizieren zu können.

Auch die Transaction- und After-Sales-E-Mails können automatisiert versendet werden. Im Vergleich zu den Trigger-E-Mails begleiten **Trans-action-E-Mails** die Geschäftsvorgänge zwischen einem Unternehmen und seinen Kunden und Interessenten. Diese E-Mails können die Ein-gangsbestätigung einer Anfrage oder Bestellung zum Inhalt haben, über den Stand der Bearbeitung informieren, die Lieferung ankündigen, die Rechnung präsentieren, an eine Zahlung erinnern und nach Abschluss des Vorgangs die Zufriedenheit mit der Leistung erheben. Sie sind ein wichtiger Begleiter vieler Transaktionen, um bei den Online-Nutzern über den gesamten Prozess hinweg ein Gefühl des Vertrauens gegenüber dem – oft nur virtuell erlebbaren – Geschäftspartner aufzubauen und Prozesse abzuwickeln.

After-Sales-E-Mails sind an der Schnittstelle zwischen Transaction- und Trigger-E-Mails positioniert und können ebenfalls automatisiert versendet werden. Auf der einen Seite tragen sie dazu bei, einen Kaufprozess erfolgreich abzuschließen, indem bspw. wichtige Informationen über die Nutzung und Pflege der erworbenen Produkte bereitgestellt werden. Auf der anderen Seite kann auf interessante Zusatzangebote hingewiesen werden, wodurch eine solche E-Mail den Startpunkt eines neuen Dialogprogramms darstellen kann. Generelle Leitidee der After-Sales-E-Mails ist es, den Kontakt zum Kunden nicht abbrechen zu lassen, sondern einen Kauf insb. „emotional" erfolgreich abzuschließen, um idealerweise einen weiteren Kauf vorzubereiten.

Dem **E-Newsletter** kommt im Rahmen des E-Mail-Marketings eine besondere Bedeutung zu, um sowohl Interessenten als auch Kunden sowie andere Stakeholder (bspw. Mitarbeiter oder Pressevertreter) zu informieren. Auch der Newsletter-Versand kann automatisiert erfolgen. Die dominante Zielsetzung ist es, eine regelmäßige Kommunikation insb. mit den Interessenten und Kunden aufzubauen, um eine möglichst hohe Bindung und damit auch eine hohe Kaufintensität bei den Empfängern zu erreichen. Dazu werden entsprechende Newsletter teilweise mehrfach täglich (etwa bei *brands4friends)*, wöchentlich (so bei *Aldi)* oder im Abstand von mehreren Wochen (etwa bei *Peek & Cloppenburg)* versandt. Dem E-Newsletter als Kommunikationskanal kommt in dem schon angesprochenen Feld des Content-Marketings eine besondere Bedeutung zu.

Ein wichtiges Ziel der **E-Kommunikation** ist es, **direkte Handlungsimpulse** auszulösen (etwa den Besuch der nächsten *MediaMarkt*-Niederlassung) oder den Empfänger auf den eigenen **Online-Auftritt** zu lenken, damit dieser dort bestimmte Handlungen ausführt (bspw. die Anforderung oder den Download weiterer Informationen oder die Platzierung einer Bestellung). Hierzu enthalten E-Mails und E-Newsletter **Links,** deren Anklicken eine direkte Verbindung zu anderen online verfügbaren Angeboten des Unternehmens herstellt. Solche Links können bspw. als Textlinks oder als im Text eingebundene Kleinanzeigen präsentiert werden. Diese führen entweder zur **Website** des entsprechenden Unternehmens oder zu einer spezifischen **Landing Page.** Es gilt: Die durch solche Newsletter aufgebauten Erwartungshaltungen sind bzgl. Angebot, Ambiente, Serviceorientierung, Preiswürdigkeit bei einem Omni-Channel-Anbieter sowohl online wie auch offline zu erfüllen. Um die Wirkung der E-Kommunikation zu verstärken, werden zunehmend **Rich-Media-Inhalte** (wie bspw. Videos) in die Kommunikation eingebaut.

Im Zuge des **Content-Marketings** bieten viele Unternehmen – insb. im B2B-Markt – **White Paper** (bspw. kostenlose Studien) oder **Artikel** an. Durch diese Angebote sollen die Empfänger der E-Kommunikation auf die Website des Unternehmens gelenkt werden. Dort wird fast immer versucht, vor der Möglichkeit zum Download von Inhalten weitere Adress- und Profilinformationen (mit Permission zur weiteren Ansprache) zu gewinnen, um den Dialog mit den interessierten Personen fortzusetzen. Gleichzeitig tragen die hier präsentierten Inhalte dazu bei, die Kompetenz des Unternehmens zu belegen (vgl. vertiefend zum Content-Marketing Kilian und Kreutzer, 2021).

Diese **Leitideen für erfolgreiche Dialoge** sollten beachtet werden – nicht nur in der E-Kommunikation:

* **Cross-mediale Kommunikation** ermöglichen (on- und offline integriert, um ein Noline-Konzept zu erreichen)
* **Personalisierung** und **Individualisierung** sicherstellen
* **Bereitschaft zum Dialog** verdeutlichen
* **Emotionalisierung der Kommunikation**
* Dialogschritte zur **Gewinnung weiterer Informationen** nutzen

Damit wird deutlich: Es geht im E-Mail-Marketing nicht nur um einen **quantitativen Listenaufbau** (i. S. von möglichst vielen E-Mail-Adressen), sondern auch um einen **qualifizierten Listenaufbau** (i. S. von „sprechenden E-Mail-Adressen"), der durch die Anreicherung von E-Mail-Adressen durch weitere Daten gelingt.

Die **E-Mail** wird von vielen Unternehmen als besonders **effizientes Medium der Kommunikation** angesehen, weil Zielpersonen direkt – häufig personalisiert und/oder individualisiert – angesprochen werden können. Dem umfassenden Einsatz des E-Mail-Marketings stehen allerdings drei hemmende Sachverhalte entgegen:

1. Die rechtlichen Rahmenbedingungen in Deutschland erfordern, dass im Vorfeld einer Kontaktaufnahme über E-Mail eine entsprechende **Permission für die E-Mail-basierte Kontaktaufnahme** vorliegt (Englisch „permission" für „Erlaubnis"). Grundsätzlich dürfen ohne Permission weder Privatpersonen noch Unternehmen für Werbezwecke per E-Mail angesprochen werden. Hervorzuheben ist, dass bei jeder individuellen Eintragung in einen E-Mail-Verteiler das Unternehmen im Zweifelsfall eine Permission vorweisen können muss.

2. Die **E-Mail-Adressen der Ziel- und Ist-Kunden** sind häufig **nicht umfassend bekannt,** oder es **fehlen die notwendigen Permissions** zur Kontaktaufnahme, weil es Unternehmen versäumt haben, diese systematisch zu dokumentieren. Um dies zu vermeiden, kommt der **eigenen Gewinnung von E-Mail-Adressen mit Permission** eine große Bedeutung zu.

3. Bei der Konzeption von E-Mail-Kampagnen ist zu berücksichtigen, dass in den **jüngeren Zielgruppen** ein Trend weg von der E-Mail hin zur **Kommunikation über soziale Netzwerke** oder durch **Messenger-Dienste** wie *WhatsApp* zu beobachten ist. Eine Studie von Statista (2020, S. 15) für Deutschland zeigt für das Jahr 2019 folgendes Bild: Hier haben zwischen 91 und 97 % der 16- bis 64-Jährigen in den letzten drei Monaten E-Mails versandt oder empfangen. In der Altersgruppe der 10- bis15-Jährigen waren das lediglich 48 %. Vor diesem Hintergrund ist insb. zur Erreichung der jüngeren Zielgruppen die **Verknüpfung von E-Mail-Marketing mit den sozialen Medien und Messenger-Diensten** erforderlich.

Es gilt: Während E-Mails aus der persönlichen und beruflichen Kommunikation für weite Teile der Bevölkerung nicht mehr wegzudenken sind, stoßen unverlangte und damit häufig auch unerwünschte **Werbe-E-Mails** auf immer größeren Widerstand der Online-Nutzer. Diese unerwünschten E-Mails werden **Spam** genannt. Dieser Begriff leitet sich von **S**piced **H**am bzw. **S**piced **P**ork and **M**eat ab, denn ungewollt erhaltene E-Mails müssen – genau wie das erwähnte Dosenfleisch – in die Mailbox hineingedrückt werden. Der diesem häufig zugrunde liegende massenhafte Versand von unerwünschten Werbe-E-Mails wird entsprechend als **Spamming** oder **Spammen** bezeichnet. Die so agierenden Versender heißen **Spammer.** Sie setzen illegal erworbene E-Mail-Adressdaten ein und ignorieren das Fehlen von Permissions der Empfänger.

Vor diesem Hintergrund hat E-Mail-Marketing bei Teilen der Zielgruppe ein schlechtes Image. Der Anteil von Spam-Mails an der Gesamtzahl der versandten E-Mails steigt weiter an, worunter das Vertrauen in diese Kommunikationsform leidet. Deshalb schützen sich immer mehr Empfänger gegen ungewünschte E-Mail-Aussendungen. Dies kann bspw. durch **temporäre E-Mail-Adressen** gelingen, die bspw. zehn Minuten nach der Nutzung wieder verschwinden (vgl. *10minutemail.net).*

Außerdem kommen Spam-Filter oder spezielle Firewalls zum Einsatz. **Spam-Filter** (auch **Online-Werbefilter**) sind Programme, die versuchen, unerwünschte elektronische Werbung zu erkennen und deren Auslieferung in die Postfächer der Empfänger zu vermeiden. Die **Identifikation als Spam** kann entweder anhand der Absenderadresse, der URL, bestimmter Schlüsselbegriffe oder auf Basis des sendenden Servers erfolgen, wenn dieser auf einschlägigen **Blacklists** steht. Dies sind Listen mit Anwendern, die wegen Spamming aufgefallen sind. Solche Listen werden von Dienstleistern, aber auch von den großen Online-Service-Providern geführt, um ihre Kunden vor Spam zu schützen. Blacklists können entweder lokal geführt werden, oder sie stehen auf zentralen Servern als Realtime-Blackhole-List bereit.

Die **Identifikation als Spam** kann sich – wie gesagt – auch an spezifischen **Schlüsselbegriffen** im Header (Kopfzeile) oder Body (Textteil) der E-Mails orientieren. Auf Spam hinweisende Elemente, die von seriösen Anbietern unbedingt vermieden werden sollten, sind u. a. (vgl. Schwarz, 2017, S. 195 f.):

* Die ersten acht Zeichen in der Absenderzeile der E-Mail sind Ziffern.
* Begriffe in der Betreffzeile wie „free", „$$$", „Cash", „Money", „Urgent/Dringend", „Do-not-reply", „Lottery", „Werbung"
* Betreffzeile nur in Großbuchstaben
* Betreffzeile in englischer Sprache bei deutschsprachigen Zielpersonen

* Verwendung von „Re" in der Betreffzeile ohne zitierten Text
* Bodytext mit Begriffen wie „Lieber Freund", „100 % zufrieden", „Extraeinkommen"
* HTML-Inhalte mit Referenzen auf externe Bilder
* Einsatz eines Mailservers, der nicht korrekt im *DNS* eingetragen ist *(DNS* steht für *Domain-Name-System* und ordnet jedem angeschlossenen Rechner eine feste oder vorübergehende, weltweit einmalige IP-Adresse zu. *DNS* ist folglich eine Datenbank, die den Namensraum im Internet verwaltet und die Übersetzung einer Adresse wie *google.de* in eine numerische IP-Adresse leistet, um den entsprechenden Rechner anzusteuern)
* Versendung aus bestimmten Regionen (bspw. Lateinamerika)
* Verwendung von Ziffern im From-Header (bspw. service008@ domain.de)

Wenn eine Überprüfung der E-Kommunikation anhand dieser Kriterien erfolgt, wird von einem **Content-Filter** gesprochen. Sind diese Filterprogramme sehr fein eingestellt, kann es allerdings passieren, dass auch erwünschte E-Mails ihren Empfänger nicht erreichen bzw. im Spam-Ordner landen. Diese fälschlicherweise ausgesteuerten E-Mails werden als **False Positives** bezeichnet.

Die genannten **Blacklists** sind nicht nur für die missbräuchlichen Verwender von E-Mail-Adressen relevant, sondern auch für diejenigen Unternehmen, die ihre E-Kommunikation permissionbasiert durchführen. Durch eigene Fehler können auch diese Unternehmen auf Blacklists landen, wenn E-Aussendungen irrtümlich als Spamming identifiziert werden. Um dies zu vermeiden, empfiehlt sich die **Überwachung der eigenen E-Mail-Aktivitäten durch Test-E-Mail-Adressen.** Hierzu sind bspw. mehrere Mitarbeiter des eigenen Unternehmens oder der betreuenden Agenturen in den Empfängerkreis aufzunehmen. Dadurch können Störungen oder Fehler bei der E-Mail-Zustellung schnell identifiziert werden. Zusätzlich können spezialisierte Dienste zum **Monitoring des E-Mail-Versands** sowie zum **Monitoring von Blacklists** eingebunden werden.

Unternehmen können sich auch um die Aufnahme in sogenannte **Whitelists** (auch **Positive-Lists**) bemühen, die vertrauenswürdigen

E-Mail-Massenversendern vorbehalten sind. Eine solche Whitelist wird bspw. von der *Certified Senders Alliance (CSA)* betrieben. Die *CSA* ist ein Projekt von *eco – Verband der Internetwirtschaft* und in Zusammenarbeit mit dem *Deutschen Dialogmarketing Verband* entstanden. Die *CSA* bildet eine neutrale Schnittstelle zwischen Mailbox-Providern und Versendern kommerzieller E-Mails. Das Ziel der *CSA* ist es, die Qualität kommerzieller E-Mails (bspw. von Newslettern, Rechnungen oder Auftragsbestätigungen) zu erhöhen. Um dieses Ziel zu erreichen, erstellt sie rechtliche und technische Qualitätsstandards. Die Qualitätsstandards ergeben sich aus geltendem Recht und technischen Anforderungen der Mailbox-Provider (vgl. CSA, 2021).

Zertifizierte Versender verpflichten sich dazu, die definierten Standards einzuhalten. Im Gegenzug erhalten sie die folgenden Vorteile (vgl. CSA, 2021):

* Verbesserung der E-Mail-Zustellbarkeit durch Whitelisting bei den teilnehmenden Partnern
* Support bei technischen Problemen und in der Kommunikation mit teilnehmenden Partnern
* Schutz vor rechtlichen Risiken und somit finanziellen Konsequenzen
* Effektives Frühwarnsystem durch das CSA-Beschwerdemanagement
* CSA-Gütesiegel zeigt Professionalität im E-Mail-Marketing
* Zugang zu aktuellen technischen und rechtlichen Entwicklungen der Branche durch Publikationen und Events

Da die IP-Adressen von *CSA*-zertifizierten Versendern auf der *CSA*-Whitelist stehen und Mailbox-Provider auf diese Whitelist zugreifen, werden diese als seriöse E-Mail-Versender erkannt. So kann erreicht werden, dass eine permissionbasierte E-Kommunikation von seriösen Massenanbietern tatsächlich die Empfänger erreicht und nicht durch Spam-Filter der Service-Provider blockiert wird. Ein **kostenpflichtiger Eintrag** in diesen Listen führt dazu, dass die entsprechenden Spam-Filter erfolgreich durchlaufen werden. Kontrollgremien überwachen die Einhaltung einschlägiger Richtlinien.

Ein besonderes Problem stellen heute die sogenannten **Phishing-Mails** dar. Der Begriff leitet sich von **P**assword-**F**ishing ab. Durch solche Mails, aber auch durch gefälschte Websites und gefälschte Kurznachrichten wird versucht, an persönliche Daten des Online-Nutzers zu gelangen und damit einen **Identitätsdiebstahl** zu begehen. Mit diesen Daten (für Log-ins oder Transaktionsnummern) können anschließend unerlaubte Kontenbewegungen oder Abbuchungen von Kreditkarten vorgenommen werden. Diese Form der Ausnutzung der Gutgläubigkeit von Menschen wird auch **Social Engineering** genannt. Während früher Phishing-Mails relativ leicht an der schlechten Sprache und Aufmachung zu erkennen waren, haben die Verbrecher hier inzwischen deutlich „nachgerüstet" und bilden das Corporate Design des Unternehmens (etwa einer Bank oder eines Telefon-Service-Providers) zunehmend besser nach. Hier ist besondere Vorsicht geboten.

Ihr Transfer in die Praxis

Stellen Sie sich die folgenden Fragen:
* In welchen Phasen der Customer Journey setzen wir E-Mails und E-Newsletter heute bereits ein?
* Welche weiteren Einsatzfelder könnten wir nutzen?
* Welche Trigger werden für E-Mails heute verwendet – und welche weiteren Trigger bieten sich an?
* Nutzen wir bereits Konzepte der Marketing-Automation?
* Vermeiden wir konsequent, dass unsere E-Mails in sogenannten SPAM-Filtern hängenbleiben?

Literatur

CSA. (2021). Wer ist die Certified Senders Alliance (CSA)? https://certified-senders.org/de/about-csa/. Zugegriffen: 27. März. 2021.

Hannig, U. (Hrsg.). (2017). *Marketing und Sales-Automation. Grundlagen – Tools – Umsetzung. Alles, was Sie wissen müssen.* Springer Gabler.

Hannig, U. (2020). Marketing-Automation – automatisch mehr Markterfolg. In M. Stumpf (Hrsg.), *Die 10 wichtigsten Zukunftsthemen im Marketing* (2. Aufl., S. 207–229). Haufe.

Kilian, K., & Kreutzer, R. T. (2021). *Digitale Markenführung*. Springer Gabler.

Kreutzer, R. (2021). *Kundendialog online und offline. Das große 1x1 der Kundenakquisition, Kundenbindung und Kundenrückgewinnung*. Wiesbaden: Springer Gabler.

Schwarz, T. (2017). *Erfolgreiches E-Mail-Marketing. Adressgewinnung, Newsletter-Gestaltung, Software, Monitoring*. Haufe.

Statista. (2020). E-Mail-Nutzung. https://de-statista-com.ezproxy.hwr-berlin.de/statistik/studie/id/24350/dokument/e-mail-nutzung-statista-dossier/. Zugegriffen: 27. März. 2021.

2

Gewinnung, Beschaffung und Nutzung von E-Mail-Adressen

Zusammenfassung In diesem Kapitel wird konkret aufgezeigt, wie E-Mail-Adressen gewonnen werden können. Zusätzlich werden spannende Einsatzfelder von E-Mail-Adressen vorgestellt. Den Ausführungen liegt das Kapitel E-Mail-Marketing meines Buchs „Praxisorientiertes Online-Marketing" zugrunde.

> **Was Sie aus diesem Kapitel mitnehmen**
>
> • Instrumente zur eigenen Gewinnung von E-Mail-Adressen
> • Beschaffung von E-Mail-Adressen durch Drittpartner

Es bleibt eine Kernaufgabe des Unternehmens selbst, regelmäßig E-Mail-Adressen zu erheben, um diese in Dialogprogrammen einzusetzen. Zur selbstständigen **Beschaffung von E-Mail-Adressen** können die Unternehmen verschiedene Wege beschreiten:

* **Gewinnung beim Besuch auf der eigenen Website**
  Um hier die E-Mail-Adresse zu erheben, ist die Anmeldung für einen
  E-Newsletter möglichst prominent und „verkäuferisch" auf der Start-
  seite sowie auf den Unterseiten von Online-Shops zu präsentieren.
  Hierzu können Overlays eingesetzt werden, die zur Registrierung ein-
  laden und ggf. mit einem Wert-Coupon belohnen. Solche Angebote
  begegnen uns regelmäßig, wenn wir Websites von Unternehmen
  besuchen.
* **Gewinnung im Kontext von Bestellungen und Umfragen**
  Nutzer sind häufig bereit, ihre E-Mail-Adresse für eine werbliche
  Kommunikation bereitzustellen und ein Opt-in zu gewähren, wenn
  sie im geschäftlichen Austausch mit dem Unternehmen sind. Zusätzlich kann für die weitere Nutzung der so gewonnenen E-Mail-
  Adressen der wichtige Ausnahmetatbestand des § 7 Abs. 3 UWG
  vorliegen. Dort heißt es:
  (3) Abweichend von Absatz 2 Nr. 3 ist eine unzumutbare Belästigung
  bei einer Werbung unter Verwendung elektronischer Post nicht anzu-
  nehmen, wenn

1. ein Unternehmer im Zusammenhang mit dem Verkauf einer Ware
   oder Dienstleistung von dem Kunden dessen elektronische Postadresse erhalten hat,
2. der Unternehmer die Adresse zur Direktwerbung für eigene ähnliche
   Waren oder Dienstleistungen verwendet,
3. der Kunde der Verwendung nicht widersprochen hat und
4. der Kunde bei Erhebung der Adresse und bei jeder Verwendung
   klar und deutlich darauf hingewiesen wird, dass er der Verwendung
   jederzeit widersprechen kann, ohne dass hierfür andere als die Über-
   mittlungskosten nach den Basistarifen entstehen.

Das bedeutet: Beim Vorliegen dieser Voraussetzung ist ein Opt-in des
Kunden für die werbliche Kommunikation nicht erforderlich.

* **Gewinnung im stationären Geschäft**
Im direkten Kontakt mit dem Kunden kann die E-Mail-Adresse gewonnen werden. Bei der Gewinnung der Permission für den E-Mail-Kontakt handelt es sich allerdings um einen zusätzlichen „Verkaufsprozess". Hier muss das Verkaufspersonal gute Argumente haben, um die Einwilligung der Kunden zu erhalten. Ein solcher „Verkaufprozess" kann im Unternehmen durch Rollenspiele eingeübt werden – um Kunden trotz anfänglicher Ablehnung zu einer Erlaubnis zu bewegen.
* **Gewinnung im Telefonkontakt**
Auch bei einem telefonischen Kontakt mit dem Kunden kann eine Permission für den E-Mail-Kontakt gewonnen werden. Allerdings ist diese telefonische „Permission-Gewährung" auch nachzuweisen. Dies kann entweder durch eine schriftliche Bestätigung oder durch ein Voice-File des Telefonats erfolgen. Allerdings muss im Vorfeld einer Aufzeichnung des Telefonats dafür eine Erlaubnis eingeholt werden.
* Gewinnung in den sozialen Medien
* Die sozialen Medien bieten ebenfalls verschiedene Möglichkeiten, eine E-Mail-Permission zu gewinnen.

Jedes Unternehmen ist gut beraten, verschiedene Wege zur Gewinnung von E-Mail-Adressen konsequent einzusetzen, wenn eine E-Mail-Kommunikation auf- oder ausgebaut werden soll. Generell ist zu empfehlen, **jeden Dialog mit Interessenten und Kunden** zur **Gewinnung der E-Mail-Adresse** sowie **Erhebung von weiteren Profildaten** zu nutzen. Eine Selbstverständlichkeit sollte sein, dass nach dem Erhalt der E-Mail-Adresse keine weiteren Versuche zu deren Gewinnung durchgeführt werden. Dies ist allerdings häufig nicht der Fall ist, wenn das CRM-System nicht umfassend in alle kundenbezogenen Prozesse integriert ist (vgl. zu überzeugenden CRM-Lösungen Kreutzer, 2021).

Ihr Transfer in die Praxis

* Wenn Sie E-Mail-Marketing professionell betreiben möchten, sind an allen Customer-Touchpoints E-Mail-Adressen zu gewinnen.
* Diese Notwendigkeit ist allen hier einzubindenden Mitarbeitern zu vermitteln.
* Eine unverzichtbare Voraussetzung besteht darin, dass die Gewinnung von E-Mail-Adressen datenschutzrechtlich „sauber" aufgesetzt wird, um Rechtsstreitigkeiten zu vermeiden.
* Setzen Sie konsequent ein Content-Marketing ein, um E-Mail-Adressen Ihrer Interessenten und Kunden zu erhalten.
* Auch im persönlichen Kontakt mit den Kunden sollten Sie konsequent E-Mail-Adressen mit Permission gewinnen. Sie können das entsprechende Personal dafür auch belohnen!
* Vermitteln Sie allen Mitarbeitern im Unternehmen, welche Bedeutung der Erlangung von Permissions für ein rechtssicheres E-Mail-Marketing zukommt. Das ist eine Führungsaufgabe!

Literatur

Kreutzer, R. T. (2021). *Kundendialog online und offline. Das große 1x1 der Kundenakquisition, Kundenbindung und Kundenrückgewinnung.* Springer Gabler.

3

E-Mail- und E-Newsletter-Kampagnen

Zusammenfassung In diesem Kapitel wird unter Zuhilfenahme von Beispielen herausgearbeitet, wie erfolgversprechende Kampagnen für den Einsatz von E-Mails und E-Newslettern auszugestalten sind, die die Zielgruppe begeistern. Den nachfolgenden Ausführungen liegt das Kapitel E-Mail-Marketing meines Buchs „Praxisorientiertes Online-Marketing" zugrunde.

Was Sie aus diesem Kapitel mitnehmen

* Erfolgsfaktoren für den Einsatz des E-Mail-Marketings
* Fehler des E-Mail-Einsatzes, die zu vermeiden sind
* Einsatz von A/B-Tests zur Optimierung der Kommunikationsleistung

Die auf den unterschiedlichen Wegen gewonnenen Daten können im Rahmen der E-Kommunikation genutzt werden. Die nachfolgend beschriebenen **Erfolgsfaktoren des E-Mail-Marketings** sind

Elektronisches Zusatzmaterial Die elektronische Version dieses Kapitels enthält Zusatzmaterial, das berechtigten Benutzern zur Verfügung steht https://doi.org/10.1007/978-3-658-34217-3_3.

© Springer Fachmedien Wiesbaden GmbH, ein Teil von Springer Nature 2021
R. T. Kreutzer, *E-Mail-Marketing kompakt*,
https://doi.org/10.1007/978-3-658-34217-3_3

konsequent zu berücksichtigen, um den Erfolg des E-Mail-Marketings zu steigern:

* **Personalisierung von E-Mails und E-Newslettern**
Bei der Analyse von E-Mails und E-Newslettern kann immer wieder festgestellt werden, dass bei der Personalisierung, d. h. bei der persönlichen Anrede, gegen etablierte Standards und definierte Normen verstoßen wird. Teilweise wird in Newslettern komplett auf eine Anrede des Empfängers verzichtet. In anderen Newslettern erfolgt eine Anrede bei allen Empfängern mit Vornamen, obwohl es besser wäre, altersspezifisch zu differenzieren. Wieder andere sprechen den Empfänger mit „Sehr geehrter Herr Ralf Kreutzer" an – meist ein Hinweis darauf, dass in der Datenbank Vornamen und Nachnamen nicht sauber getrennt sind. Diese Fehler gilt es konsequent zu vermeiden.
Schließlich lautet die Frage: Wie wertschätzend geht ein Unternehmen mit den Empfängern werblicher Botschaften um? Eine korrekte Personalisierung ist **Ausdruck einer gelebten Wertschätzung.** Auf diese zu verzichten, reduziert tendenziell die Werbewirkung.
Manche Unternehmen nehmen eine **Personalisierung der Betreffzeile** vor, um eine höhere Aufmerksamkeit zu erzielen. Ob eine Du- oder Sie-Ansprache angemessen ist, muss jeweils individuell geklärt werden. Dann kann es bspw. heißen:

- „Herr Professor Kreutzer, hier die Top Trends 2021 für das Content-Marketing für Sie"
- „Liebe Angela, spannende Tipps zur Suchmaschinenoptimierung findest Du hier"
- „Liebe Barbara, möchten Sie Ihren Umsatz mit Lead-Management steigern?"
- „Hier Ihr neues Password für *douglas.de,* Frau Meffert"

Beispiel

Ein **Beispiel für eine personalisierte E-Mail** findet sich in Abb. 3.1. Hier erfolgt eine namentliche Anrede nicht nur in der Betreffzeile, sondern auch im visuellen Inhalt der E-Mail selbst.

Unternehmen sollten aber nicht nur auf eine überzeugende Empfänger-personalisierung achten, sondern auch auf eine vollständige **Absender-personalisierung.** E-Mails und E-Newsletter kommen häufig noch von irgendwelchen Abteilungen, ohne dass ein Ansprechpartner bzw. der Autor genannt werden. Wie vertrauensbildend kann das sein? Und an wen soll dann eine Antwort gerichtet werden? An „Herrn oder Frau Unbekannt"? Oder „Hallo liebes Team"? Es wird vielmehr empfohlen, zum vollständigen Namen des Verfassers auch noch ein Foto zu präsentieren, um die persönliche Note der Betreuung zu unterstreichen. Auch der Hinweis auf die Funktion des Unterzeichners kann die Bedeutung der übermittelten Inhalte beeinflussen. Allerdings sollte dann eher nicht „Leiterin Kundenbindung", sondern vielleicht eher „Verantwortliche für Kundenbegeisterung" stehen. Wenn der Geschäftsführer schreibt, kann dies auch die Wichtigkeit der Botschaft steigern.

* **Individualisierung der Inhalte von E-Mails und E-Newslettern**
  Eine kontinuierliche Analyse von E-Mails und E-Newslettern zeigt, dass viele Unternehmen weder die beschriebene korrekte Personalisierung noch eine überzeugende **Individualisierung** oder eine zumindest **zielgruppenspezifische Ausrichtung der Inhalte** vornehmen. So werden vielfach Interessenten, Neukunden und langjährige Kunden eines Unternehmens mit dem gleichen Newsletter angesprochen, obwohl deren Informationsbedarfe ganz unterschiedlich aussehen: Während ein Interessent zunächst Informationen benötigt, um sich ggf. für einen neuen Anbieter zu entscheiden, sucht der frisch gewonnene Neukunde idealerweise nach weiteren passenden Angeboten. Der langjährige Kunde ist dagegen bereits umfassend informiert und wünscht sich ggf. kleine Belohnungen für seine Treue. Alle drei Zielgruppen mit den gleichen Inhalten zu „beglücken", führt häufig nicht zu einer Begeisterung der Empfänger.

In Newslettern vieler Online-Shops werden nach dem Erstkauf „irgendwelche" Produkte beworben. Diese können aus Unternehmenssicht wichtig sein, an den Erwartungen des Kunden aber komplett vorbeigehen. Nur ganz selten wird nach dem Erstkauf gefragt, an welchen Angeboten ein Neukunde besonders interessiert ist. Stattdessen werden die Produkte und Dienstleistungen beworben, die gerade „dran" sind – ohne Rücksicht auf die Relevanz für die Empfänger. Eine hohe **Abmeldequote** kann die Folge sein.

Beispiel

Auch die Newsletter von Verlagen ignorieren häufig die **Interessensschwerpunkte der Empfänger** und senden bspw. an Wirtschaftsprofessoren Informationen und Angebote für alles, was ein Verlag zu bieten hat: Dies reicht teilweise von medizinischen Diagnoseverfahren bis zur industriellen Verfahrenstechnik.

So werden die Empfänger – insb. aber die **Leser** solcher Newsletter – systematisch verärgert! In der Konsequenz fällt die Beschäftigung mit einem Newsletter immer kürzer aus oder dieser wird ungelesen gelöscht. Im schlimmsten Fall wird der Newsletter abbestellt – und das Unternehmen hat einen Kontakt verbrannt und kann auf diesem Wege nicht mehr mit dieser Zielperson kommunizieren. Die Alternative ist nur die (kostenintensivere) papiergestützte Kommunikation, wenn keine Fax- oder Telefon-Permission zur weiteren Ansprache vorliegt.

Eine zumindest grobe **Individualisierung der Inhalte** kann auch erfolgen, wenn keine weiteren Informationen über die konkrete Kaufbeziehung vorliegen. Dies ist bspw. dann der Fall, wenn Käufe stationär erfolgen und keine Kundenkarte zur Erfassung der Einkäufe verwendet wird. So kann anhand des Vornamens meist auf eine männliche oder weibliche Zielperson geschlossen werden. Eigene Analysen zeigen, dass bei einigen Anbietern allerdings nur die Farbe der E-Kommunikation wechselt – von klassisch „dunkelblau" für Männer auf „rot" für Frauen, während die Inhalte identisch bleiben!

> **Beispiel**
>
> Überzeugender ist dagegen das Vorgehen von *Zalando*. Hier heißt es beim Abonnement eines Newsletters ganz einfach: „Was interessiert dich am meisten?" Der Website-Besucher hat dann die Wahl zwischen „Damen-mode" und „Herrenmode". So wird bereits durch die Abfrage bei der Permission-Abholung eine Relevanz der späteren Inhalte sichergestellt.

Zusätzlich kann von der Länge der Bezugsdauer von E-Mails oder E-Newslettern ansatzweise auf den Vertrautheitsgrad mit dem eigenen Angebot geschlossen werden. Dies gelingt insb. dann gut, wenn die Lesedauer und die Klick-Zahl auf Links im Newsletter kunden-individuell erfasst werden. Auf diese Informationen kann eine Marketing-Automation aufsetzen.

Schließlich können Unternehmen, die sich bzgl. der **Interessens-schwerpunkte ihrer E-Mail-Empfänger** unsicher sind, diese durch eine kleine **Umfrage** erheben. Wer an dieser nicht teilnimmt und folg-lich auch seine Interessensgebiete nicht mitteilt, hat zumindest weniger Grund, sich über „unpassende" Angebote zu beschweren. Denn auch und gerade in der E-Mail-Kommunikation gilt es, eine **Relevanz der Inhalte für jede Zielperson** sicherzustellen. Hierzu sollte im Rahmen des E-Dialogs kontinuierlich versucht werden, weitere Profil-informationen über die Zielpersonen zu gewinnen. Nur dann kann eine Individualisierung der Inhalte und damit eine zunehmende Relevanz der Inhalte sichergestellt werden.

Unternehmen wie die *Deutsche Bahn, Deutschland Card* und *Luft-hansa* individualisieren ihre E-Newsletter dadurch, dass sie die erreichten **Punktestände** bei den jeweiligen **Kundenbindungs-systemen** ausweisen. Hierdurch wird eine Relevanz der Botschaft für den Empfänger sichergestellt. Voraussetzung hierfür ist, dass für die individuelle Ausweisung des Punktestandes die relevanten Daten aus einer CRM-Datenbank herangezogen werden können. Die Individualisierung der E-Kommunikation selbst kann ins Internet ver-längert werden, wenn eine Personalisierung der URI, zur **PURL** erfolgt. Eine innovative Möglichkeit, um Website-Traffic zu erzeugen, stellt ein

Call-to-Action in Gestalt einer PURL dar. PURL steht als Akronym für **Personal** bzw. **Personalized URL**. Es handelt sich um eine einmalige, personalisierte Webadresse, die speziell für den jeweiligen Empfänger kreiert wurde (bspw. *unternehmensname.de/ralfkreutzer*). Eine solche PURL kann sowohl über personalisiert versendete Offline-Medien (wie Mailings, Kataloge, Gutscheine) wie auch durch entsprechende Online-Medien (wie E-Mail, E-Newsletter) übermittelt werden. Ein Beispiel hierfür ist die Online-Verlängerung der in Abb. 3.1 gezeigten E-Mail. Durch einen Klick auf einen E-Mail-Inhalt wird eine personalisierte Landing Page angezeigt. Diese ist in Abb. 3.2 zu sehen. Im Adressfeld ist dort die PURL zu sehen; sie lautet: digital-erfolge.de/ VBWmoon@01VBW.html/RalfT.Kreutzer9966.

Auch ein QR-Code kann eine PURL beinhalten. Der große Vorteil ist, dass auf der dadurch aufgerufenen Website neben einer **persönlichen Begrüßung** bspw. auch **individualisierte Angebote** präsentiert werden können – basierend auf Daten über die bisher gekauften Produkte und Dienstleistungen. In welchem Umfang der Einsatz von PURLs zielführend ist und ob bspw. höhere Click oder Conversion Rates den zusätzlichen Aufwand rechtfertigen, muss systematisch geprüft werden. Um dieses Konzept erfolgreich zu nutzen, ist ein Zugriff auf die CRM-Datenbank notwendig. So können die Nutzer

Abb. 3.1 Personalisierte E-Mail von *Vollblutwerber*

Abb. 3.2 Personalisierte Website von *Vollblutwerber*

online persönlich angesprochen und ihnen können individualisierte Angebote unterbreitet werden.

In Summe kann festgestellt werden, dass die **Content-Individualisierung der E-Kommunikation** bei vielen Unternehmen noch ausbaufähig ist. Es gilt immer die Einschränkung, dass der damit verbundene Mehraufwand der Unternehmen durch einen Mehrertrag überkompensiert werden muss.

Einen wichtigen Beitrag zu dieser Analyse kann ein **Link-Tagging** leisten. Hierzu werden alle Links, die in der E-Mail-Kommunikation angeboten werden, bestimmten Themenfeldern zugeordnet. Durch eine systematische Auswertung über mehrere Versandzyklen werden die Präferenzen der Empfänger sichtbar, die immer präziser bedient werden können.

⁕ **Einbindung von Rich Media Content in E-Mails und E-Newslettern**
Anbieter von E-Kommunikation sollten systematisch prüfen, ob sie **Rich Media Content** – hier insb. Videomaterial – integrieren können. Kurze Videos erfreuen sich einer zunehmenden Beliebtheit, vor allem dann, wenn sie keine klassischen Werbespots darstellen. Durch die integrierte Vermittlung von Bewegtbild, Sound und Text kann tendenziell eine höhere Lernleistung erzielt werden, wie die

Forschung zum **multisensorischen Lernen** – d. h. ein Lernen über verschiedene Sinneskanäle – zeigt. Besonders spannend werden solche Video-Inhalte, wenn sie personalisiert und/oder individualisiert werden. Eine **Individualisierung von Video-Inhalten** liegt vor, wenn ein Reiseanbieter über eine E-Mail oder einen E-Newsletter ein Video anbietet, dessen einzelne Sequenzen am individuellen Profil des Nutzers ausgerichtet sind (Abenteuer vs. Entspannung, Allein-reisender vs. Familienurlaub, Autoanreise vs. Fluganreise etc.). Eine **Personalisierung von Video-Inhalten** liegt vor, wenn Name und/oder Foto einer Person in ein Video integriert werden.

In Summe deutet sich hier ein interessanter Trend an:

> E-Mails und E-Newsletter werden zur Website, weil in die E-Kommunikation immer mehr dynamische Elemente (wie bspw. Videos) integriert werden!

* **Frequenz und Timing von E-Mails und E-Newslettern**
Die Frage der Frequenz und des Timings eines E-Mail- bzw. E-News-letter-Versands kann nur in enger Abstimmung mit den Erwartungen der Zielgruppe beantwortet werden. Während die Fangemeinden von *brands4friends* und *Groupon* durchaus gewillt sind, mehrere E-Mails pro Tag mit interessanten Angeboten zu erhalten, erfolgt der Versand des *For-me*-Newsletters von *Procter & Gamble* oder von *Nivea* im Abstand von ein bis zwei Wochen. Hier bedarf es einer konsequenten **Feinsteuerung der Ansprachefrequenz,** um basierend auf der Nutzungsintensität der Informationen und der Anzahl der zu registrierenden Abmeldungen die geeignete Taktung zu erreichen.

Hinsichtlich des optimalen **Timings der Ansprache** können eben-falls kaum allgemeinverbindliche Aussagen getroffen werden. Es liegt sicherlich auf der Hand, dass bei Business-Zielgruppen der Montag-morgen und der Freitagnachmittag weniger geeignete Ansprachezeit-punkte darstellen. Welcher Zeitpunkt bei Konsumentenzielgruppen am ehesten geeignet ist, hängt vor deren Mediennutzungsverhalten ab. Hier ist jedes Unternehmen aufgefordert, durch einen systematischen

Testansatz nicht nur die richtige Taktung, sondern auch das passende Timing zu ermitteln. Die Erfolgskriterien wie Öffnungsrate (i. S. des prozentualen Anteils der geöffneten E-Mails oder E-Newsletter) sowie diverse Response-Quoten helfen, diese Werte zu bestimmen.

* **Unverzügliche Eingangsbestätigungen und Bereitstellung von E-Newslettern**
Bei der E-Mail-Kommunikation empfiehlt es sich, dass der Eingang von Bestellungen, Reklamationen, Anfragen etc. zeitnah – und ggf. auch automatisiert – durch Transaction-E-Mails bestätigt wird. Damit weiß der Sender, dass seine Nachricht an der richtigen Stelle angekommen ist. Das Unterlassen einer solchen Bestätigung kann ggf. zeit- und kostenaufwendige Nachfragen hervorrufen. Eine Schnelligkeit ist auch bei der **Bereitstellung der E-Newsletter** selbst gefordert, insb. dann, wenn deren Versand nur alle zwei oder drei Wochen stattfindet. Sonst kann es passieren, dass der Interessent zwei bis drei Wochen auf den ersten Newsletter warten muss. Dies wird der positiven Erwartungshaltung des Abonnenten nicht gerecht. Viel zielführender ist es, wenn diesem neuen Abonnenten der „alte" Newsletter mit dem Hinweis zugeleitet wird, dass der nächste „neue" Newsletter bspw. in zwei oder drei Wochen zu erwarten ist. So lässt sich Wertschätzung umsetzen.
* **Feedback-Einholung**
Werden Newsletter in der Service-Kommunikation eingesetzt, so fragen viele Unternehmen am Ende einer Service-Mail die **Zufriedenheit mit der Service-Erbringung** ab. So wird ein unmittelbares Feedback zur Service-Qualität möglich. Ein leistungsstarkes und gleichermaßen einfach einzusetzendes Konzept, um die Zufriedenheit zu erfassen, stellt der **Net-Promotor-Score** (NPS) dar. Im Kern geht es bei der Ermittlung des NPS um die Frage, wie viele der eigenen Kunden das eigene Unternehmen (netto) weiterempfehlen würden. Das Grundkonzept des NPS ist in Abb. 3.3 beschrieben.
Zur Ermittlung des **Net-Promotor-Scores** wird die Frage gestellt: „Wie wahrscheinlich ist es, dass Sie dieses Unternehmen, diesen Service, dieses Produkt, diese Marke einem Freund oder Kollegen weiterempfehlen?"

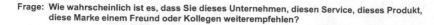

Frage: Wie wahrscheinlich ist es, dass Sie dieses Unternehmen, diesen Service, dieses Produkt, diese Marke einem Freund oder Kollegen weiterempfehlen?

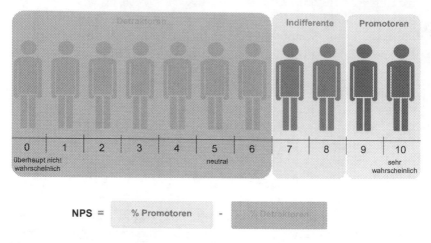

Abb. 3.3 Grundkonzept des Net-Promotor-Scores

Die Antworten können auf einer Skala von „0" („überhaupt nicht wahrscheinlich") bis „10" („sehr wahrscheinlich") gegeben werden. **Promotoren** eines Unternehmens oder einer Marke sind nur diejenigen, die den Wert „9" oder „10" vergeben (vgl. Abb. 3.3). **Detraktoren** (Kritiker) sind diejenigen, die hinsichtlich der Weiterempfehlung lediglich Werte zwischen „0" und „6" vergeben. **Indifferente** sind diejenigen, die den Wert „7" oder „8" vergeben. Bei der Berechnung des Netto-Wertes der Empfehlenden wird der Prozentsatz der Detraktoren vom Prozentsatz der Promotoren abgezogen. Die Gruppe der Indifferenten bleibt unberücksichtigt. Folglich lautet die **Berechnungsformel des NPS:**

NPS = Promotoren (in %) – Detraktoren (in %)

Die **Werte des NPS** können im besten Fall bei „100 %" liegen, wenn alle Kunden den Wert „9" oder „10" vergeben haben. Im schlechtesten Fall liegt das Ergebnis bei „- 100 %", wenn alle Kunden nur Werte zwischen „0" und „6" vergeben haben. Auch wenn die Aussagekraft des NPS immer wieder einmal kritisch hinterfragt wurde, ist ein Einsatz in Unternehmen zu empfehlen, denn der

Net-Promotor-Score ist ein leicht und schnell zu installierendes Instrument, um das Vertrauen – gemessen über den Grad der Weiterempfehlungsbereitschaft – zu ermitteln.

Wichtig ist: Der erstmalig so ermittelte Wert dokumentiert die **Nullmessung eines Unternehmens.** Durch vertiefende Analysen ist herauszuarbeiten, warum gerade dieser Wert zustande kam und durch welche Maßnahmen er ggf. zu verbessern ist. Hierzu kann nach der Frage zur Weiterempfehlungsabsicht um eine kurze Begründung gebeten werden.

* **Hinweis auf die Möglichkeit zur Beendigung der E-Kommunikation**
  Die Unternehmen sind verpflichtet, bei jeder werblichen Ansprache per E-Mail oder E-Newsletter auf die **Möglichkeit zur Abbestellung** hinzuweisen. Vor diesem Hintergrund besteht die Herausforderung darin, bei E-Ansprachen zwischen der **erwünschten Kommunikationsdichte des Unternehmens** einerseits und den **Empfängerinteressen** andererseits abzuwägen. Um eine „Überfütterung" der Empfänger mit uninteressanten Informationen zu vermeiden, ist eine Orientierung an der **Goldenen Regel der E-Kommunikation** zu empfehlen:

> Schäme Dich nicht, zu schweigen, wenn Du nichts zu sagen hast!

Nur so kann ein Unternehmen das Interesse der Empfänger am Newsletter aufrecht und die Abmeldequoten in Grenzen halten. Vielfach wird in den Unternehmen allerdings nach wie vor falsch argumentiert, dass ein umfassender E-Mail-Einsatz nur geringe Kosten verursacht. Die Kosten liegen tatsächlich nicht im Versand, sondern auf der Seite der Empfänger, die sich mit den entsprechenden Botschaften auseinandersetzen müssen. Ignoriert ein Unternehmen die Interessen der Empfänger systematisch, kann die Abmeldung durch den Empfänger die Folge sein. Ein primär senderorientierter Einsatz der E-Kommunikation führt folglich dazu, dass Interessenten und Kunden aus dem Dialog aussteigen und von den Unternehmen nicht mehr erreicht werden können. Diese Kosten werden von Unternehmen häufig allerdings nicht erfasst und deshalb bei der Planung entsprechender Maßnahmen auch nicht zugrunde gelegt.

Wenn es trotz einer konsequenten Empfängerorientierung zu einer Abmeldung kommt, muss dies noch nicht das Ende der Kommunikation bedeuten. Kundenorientiert arbeitende Unternehmen werden die Bestätigung der Abmeldung nutzen, um etwas über die **Gründe der Abbestellung** zu erfahren. Durch die Integration einer kleinen Frage in den Abmeldeprozess erhält das Unternehmen wertvolles Feedback zur Optimierung seiner Kommunikation. Wenn im Zuge dieser Bestätigung nochmals herausgestellt wird, auf welche wichtigen Mitteilungen der Empfänger durch seine Abbestellung in Zukunft verzichten würde, können zumindest einige dieser Personen von diesem Schritt abgehalten werden. Einen Versuch ist es in jedem Falle wert, wenn es sich um einen werthaltigen Kontakt handelt! Allerdings sollte darauf verzichtet werden, ein **Double-Opt-out-Konzept** aufzubauen, das für Abwanderungswillige unnötige Hindernisse aufbaut. Hierdurch würde man diese Personengruppe u. U. zusätzlich verärgern.

* **Relevanz der E-Kommunikation**

Welche Relevanz Newsletter für Interessenten und Kunden aufweisen können, zeigen die vielen Millionen Abonnenten von **Konsumenten-Newslettern** (etwa von *Aldi* oder *Tchibo)* sowie der große Nutzerkreis von **Business-Newslettern** (bspw. der Zeitschrift *absatzwirtschaft* sowie der Unternehmensberatungen *The Boston Consulting Group* und *McKinsey).* Um die Zielpersonen, die häufig von vielen Anbietern zum Abonnement eines Newsletters umworben werden, zu diesem Schritt zu motivieren, werden Incentives ausgelobt. Dies können vor allem exklusive Nachrichten (Studien, White Papers), aber auch klassische Gewinnspiele sowie limitierte und/oder besonders preisattraktive Angebote sowie Coupons sein. Durch diese Maßnahmen soll ein kontinuierlicher Zufluss an neuen Abonnenten gesichert werden, der den Abgang an bisherigen Abonnenten idealerweise überkompensiert.

Um dem Empfänger die Relevanz der Inhalte zu vermitteln, kommt der **Betreffzeile** von E-Mails und E-Newslettern eine besondere Bedeutung zu. In dieser sind die Vorteile der Beschäftigung mit den Inhalten „knackig" zu präsentieren. Dies gilt auch für die ersten Inhalte, die im **Vorschaufenster** bzw. im oberen Teil dieser Kommunikationsmittel sichtbar werden. Auch hier geht es darum, die zentralen Informationen „above the fold" zu präsentieren. Dies korrespondiert mit dem oberen Teil einer Zeitung bzw. dem sichtbaren Teil einer E-Kommunikation, die auch ohne Scrollen lesbar ist. Kann die Ansprache hier nicht überzeugen, wird das Kommunikationsmittel oft sofort gelöscht.

Bei der Online-Kommunikation insgesamt, insb. aber bei der E-Kommunikation geht es darum, auch beim flüchtigen und oberflächlichen Leser Aufmerksamkeit zu erzielen und diesen bei den eigenen Inhalten zum Verweilen einzuladen. Es geht auch hier um die **Scannability.** Diese wird durch den Einsatz aussagekräftiger Schlüsselinformationen, durch prägnante Über- und Zwischenüberschriften sowie durch kurze Zusammenfassungen der zentralen Inhalte erreicht. Gleichzeitig gilt es, durch ein konsequentes **Benefit-Selling** Leistungsvorteile für den Nutzer zu verdeutlichen („kostenlos", „Vorteil für Sie!", „Jetzt kostenlos testen!"). Damit gilt auch hier:

> Verdichten, nicht dichten!

Ähnlich wie in der klassischen Kommunikation sind zusätzlich **themenunterstützende visuelle Aufbereitungen** (wie Bilder, Grafiken/Infografiken, Tabellen, Videos) in den Text einzugliedern. Zusätzlich sollten immer wieder Handlungsappelle i. S. der Calls-to-Action integriert werden, um eine Interaktion zu fördern. Dazu gehört auch, dass die **Sprachwelt des Empfängers** – nicht des Senders – bei der Entwicklung der Texte zugrunde gelegt wird. Dies gilt bspw. für den Einsatz von Abkürzungen und Fremdwörtern.

* **Technische Aspekte von E-Mails und E-Newslettern**
  Eine große Bedeutung kommt der Frage zu, ob Inhalte im Text- oder im HTML-Format aufbereitet werden. **E-Mails** und **E-Newsletter im Textformat** (auch Klartext bzw. textbasierte E-Mails genannt) weisen eine geringere Dateigröße auf und werden deshalb schnell übertragen. Sie sind jedoch im Gegensatz zum HTML-Format eher

unübersichtlich aufbereitet, weil bewährte Layout-Möglichkeiten fehlen. Links können nur durch die Angabe der kompletten URL eingebunden werden. Hierdurch besteht die Gefahr, dass wichtige Inhalte nicht zur Kenntnis genommen werden. Der Einsatz der **E-Kommunikation im HTML-Format** ermöglicht vielfältige, die Response tendenziell steigernde Möglichkeiten, da E-Mails und E-Newsletter im HTML-Format wie eine Website aufgebaut sein können. Dazu zählen bspw. die Einbindung von Bildern (auch Logos, Schriftzügen, Grafiken, Tabellen, Videos), Schriftauszeichnungen (bspw. Farbe, Fett- oder Kursiv-Druck, Versalien, Unterlegungen) sowie Rich-Media-Elemente. Allerdings können derartige Elemente – je nach E-Mail-Client bzw. nach der Webmail-Applikation – automatisch blockiert werden. Eine Anzeige erfolgt in diesen Fällen erst dann, wenn der Empfänger der Anzeige im HTML-Format zustimmt, wobei die Art der Zustimmung wiederum vom E-Mail-Client bzw. von der jeweiligen Webmail-Applikation abhängt.

Eine weitere Option beim Newsletter-Versand besteht darin, dass die Zielpersonen eine **E-Mail zum Newsletter-Abruf** erhalten. Damit kann ein online hinterlegter Newsletter aufgerufen werden. Dadurch werden zwei Ziele auf einmal erreicht. Zum einen wird der Inhalt in einer sehr übersichtlich gestalteten E-Mail transparent präsentiert. Zum anderen ist leicht feststellbar, ob der Newsletter geöffnet wurde. Wenn dies nicht der Fall war, kann mit einem bestimmten Zeitversatz der gleiche Newsletter den Nicht-Reagierern nochmals angeboten werden. Hierbei werden häufig nochmals die gleichen Öffnungsraten erreicht. Durch den Abruf des Newsletters – ausgehend von einer spezifischen E-Mail – könnten auch umfassend personalisierte und individualisierte Inhalte präsentiert werden. Allerdings stellt der Abruf einen großen Filter dar, den nicht alle Empfänger durchlaufen werden.

* **„Responsive Design" bei der Auslieferung von E-Kommunikation**
  Die E-Mail-Bearbeitung stellt einen immer wichtigeren Schwerpunkt der mobilen Online-Nutzung dar. Deshalb sind alle Unternehmen aufgerufen, das Konzept des „Responsive Designs" auch in der E-Kommunikation zu verwenden. Hierdurch wird eine positive User-Experience technisch unterstützt. Die Aufgabenstellung lautet: Die Darstellung und die Inhalte sind der Nutzungssituation

anzupassen. Denn auch eine E-Kommunikation mit relevanten Inhalten wird bei schlechter Lesbarkeit nicht reüssieren!

* **Gestalterische Aspekte bei der E-Kommunikation**
  Hinsichtlich des Aufbaus von E-Mails und E-Newslettern haben sich bestimmte Standards bewährt. Wie der schematische **Aufbau eines wirksamen E-Newsletters** ausfallen kann, zeigt Abb. 3.4. In der Betreffzeile wird die Empfängerin namentlich angesprochen. Die Anrede ist persönlich und korrekt. Die Kernbotschaften werden durch ein kleines Bild angekündigt. Es folgt ein kurzer, animierender Einführungstext mit einem Link zu weiterführenden Informationen. Der Abschluss ist auch persönlich gehalten. Diesen Newsletter sendet hier nicht „Ihr Team von xy", sondern eine konkrete Person. Wenn diese mit Foto gezeigt wird, kann sich die Response-Quote des Newsletters noch erhöhen.

Um die hier gezeigten Standards kontinuierlich einzusetzen, empfiehlt sich die Erarbeitung von Templates. Ein **Template** (i. S. einer Schablone) legt bspw. fest, wo das Foto (in welcher Art der Aufmachung), das Angebot, das Logo, der Body-Text etc. zu positionieren sind und welche Schrifttype und Schriftgröße (inkl.

Betreffzeile	Frau Piehler, wir überraschen Sie mit …	
Kurze Intro	Liebe Frau Piehler, …	
Kernbotschaften		Kurzer Text mit Link zu weiterführenden Informationen
		Kurzer Text mit Link zu weiterführenden Informationen
		Kurzer Text mit Link zu weiterführenden Informationen
Abschluss	Wir freuen uns auf Ihren Besuch! Unterschrift, Name, Funktion	

Abb. 3.4 Schematischer Aufbau einer E-Newsletters

Einsatz von Großbuchstaben!) Verwendung finden soll. Durch einen einmaligen kreativen Aufwand für die Erstellung eines Templates kann bei der weiteren Umsetzung viel Zeit und Geld gespart werden, weil nicht jedes Mal bei „Null" begonnen werden muss. Außerdem wird eine bestimmte Handschrift erkennbar, die zu gewünschten Wiedererkennungseffekten bei den Empfängern führen kann.

Am Beispiel des **dialogorientiert aufgebauten Newsletters** des Kundenbindungsprogramms *For me* von *Procter & Gamble* in Abb. 3.5 kann dies verdeutlicht werden. Die Kopfzeile mit dem entsprechenden Logo (auch **Header** genannt) ist mit „1" und die persönliche Ansprache mit „2" gekennzeichnet. Bei „3" können **Produktbewertungen** abgerufen werden. Mit „4" und „5" sind weitere **Calls-to-Action** markiert. So werden Informationen zu allgemeinen Themen (Rezepte) angeboten. Außerdem wird zum „Sparen" und „Informieren und Bewerben" aufgefordert. Unter „6" werden vielfältige **Coupon-Angebote** unterbreitet.

Schließlich werden im **Footer** (für Fußzeile) genannten unteren Teil des Newsletters durch „7" weitere Informationen bereitgestellt. So kann der *For-me*-Newsletter weiterempfohlen werden. Außerdem wird dazu aufgefordert, den Absender des *For-me*-Newsletters im eigenen Adressbuch zu speichern, damit dieser nicht fälschlicherweise als Spam klassifiziert wird. Zusätzlich kann die Datenschutzerklärung abgerufen werden. Außerdem wird auf die Verwendung

Abb. 3.5 Gestaltungselemente eines Newsletters am Beispiel *For me* von *Procter & Gamble*

von Cookies hingewiesen. An diesem Beispiel wird deutlich, welche vielfältigen Kommunikationsangebote und Kommunikationskanäle über einen E-Newsletter für verschiedene Zielgruppen vermittelt werden können.

Es ist zweckmäßig, bewährte **Ansprachekonzepte** zu hinterfragen und konsequent nach **Optimierungsmöglichkeiten** zu suchen. Es sind immer wieder Wege zu testen, um neue und überzeugendere Ansprache-formen zu finden. Die Erfahrungen der unterschiedlichen Testkonzepte können in die Weiterentwicklung der **Templates** einfließen.

Folgende **Fragen zur Gestaltung eines Newsletters** sollte jedes Unter-nehmen – vor dem Versand – beantworten (vgl. Schwarz, 2017, S. 68 f.):

* Ist der **Absender** (Unternehmensname) innerhalb der ersten 15 bis 20 Zeichen erkennbar?
* Wird im **Betreff** (ca. 30 Zeichen) sichtbar, welchen **Nutzen** der Leser beim Öffnen der E-Mail hat?
* Ist im **Pre-Header** (ca. 50 Zeichen) eine **Zusammenfassung der Kerninhalte** für mobile Nutzer zu sehen?
* Ist im Vorschaufenster das Hauptthema des Newsletters leicht erkennbar?
* Findet sich im **Vorschaufenster** eine **Übersicht der wichtigsten Inhalte** für den scannenden Leser?
* Gibt es eine Navigationsleiste mit Direktlinks zu den wichtigsten Inhalten?
* Ist die Gliederung des Newsletters übersichtlich und nutzerorientiert?
* Enthält das **Anschreiben** eine **persönliche Anrede** in drei bis fünf Zeilen (orientiert am Editorial einer Zeitschrift)?
* Sind die **Überschriften inhaltsreich, prägnant** und **auffällig**?
* Enthält der **Kurztext zu den Links** alle **relevanten Informationen,** damit nur echte Interessenten klicken müssen?
* Visualisieren **Bilder/Fotos** die **Kernaussagen der Meldungen**?
* Werden lediglich **kleine Absätze** (ca. fünf Zeilen) sowie **kurze Sätze** und **einfache Wörter** (möglichst wenig Anglizismen, Wörter mit wenigen Silben) verwendet?
* Sind die **Calls-to-Action** visuell **deutlich erkennbar** – und sind die **Landing-Pages** für diese **optimiert**?

* Verkaufen die **Calls-to-Action** den zu **erzielenden Nutzen eines Klicks**?
* Wird im Newsletter auf **alles Überflüssige verzichtet**?
* Wird das **Anschreiben** abgeschlossen mit **Unterschrift, Name, Funktion** und ggf. **Foto des Absenders**?
* Ist eine **einfache Abmeldung per Mausklick** möglich?
* Können **Adressänderungen des Empfängers** durch eine **einfache Eingabe** in einem Formular mitgeteilt werden?
* Enthält das **Impressum** alle **rechtlich vorgeschriebenen Informationen** (bspw. Postadresse, Telefonnummer, E-Mail-Adresse, Steuernummer)?
* Fordert ein **Call-to-Action** zur **Weiterleitung des Newsletters** auf?
* **Aufforderung zur Interaktion**

E-Mails und E-Newsletter können eine **Vielzahl von Interaktions-möglichkeiten** anbieten, wie in Abb. 3.5 gezeigt wurde. Hierbei ist für den Nutzer deutlich herauszustellen, ob er bspw. direkt an die Adresse schreiben kann, von der eine E-Mail oder ein E-Newsletter versendet wurde. Ist dies nicht der Fall, so sollte diese Absenderadresse deutlich als „Do-Not-Reply@" gekennzeichnet werden. Wenn ein Nutzer diese Adresse dennoch einsetzt, sollte in jedem Falle ein Hinweis darauf erfolgen, dass die Mitteilung den Empfänger nicht erreicht hat. Eine einsetzbar erscheinende E-Mail-Adresse des Absenders ins „digitale Nirwana" laufen zu lassen – wie es immer wieder festgestellt werden kann – sollte in jedem Falle vermieden werden.

Zusätzlich zu den in Abb. 3.5 präsentierten Dialogangeboten können **Embedded Forms,** d. h. in die E-Kommunikation eingebettete Formulare, eingesetzt werden. Diese können eine Terminvereinbarung, einen Rückrufwunsch und/oder eine Anforderung von Informationsmaterial beinhalten. Sind alle relevanten Absender- und Empfängerdaten schon voreingestellt, wird dem Nutzer der Einsatz besonders leicht gemacht.

* **Bounce-Management**
  Nicht alle E-Mails und E-Newsletter sind zustellbar. Im Falle der **Unzustellbarkeit** wird vom betreffenden Mail-Server eine sogenannte **Bounce-Message** erzeugt („to bounce" bedeutet in

Englisch „abprallen" bzw. „to bounce somebody" i. S. von „jemanden hinauswerfen"). Diese wird auch **Non-Delivery-Notification** (NDN) genannt und als Fehlermeldung an die E-Mail-Adresse des Absenders verschickt. Da der Unzustellbarkeit verschiedene Ursachen zugrunde liegen können, wird zwischen Hard- und Softbounces unterschieden. **Hardbounces** entstehen durch permanente Fehler, weil bspw. die E-Mail-Adresse des Empfängers nicht mehr existiert. Beim klassischen papiergestützten Mailing entspricht dies der Mitteilung „unbekannt verzogen". Von **Softbounces** wird gesprochen, wenn der Unzustellbarkeit temporäre Ursachen zugrunde liegen, weil bspw. das Postfach überfüllt ist oder eine Abwesenheitsnotiz vorliegt. Ein klassisches Mailing landet in diesem Fall im (überfüllten) Briefkasten oder wird bis zum Urlaubsende bei der *Deutschen Post* eingelagert. In diesem Fall kann keine zeitnahe Reaktion der Zielperson erfolgen.

Es stellt sich die Frage, ob jeder Hardbounce sofort zu einem Löschen der entsprechenden E-Mail-Adresse führen sollte. Diesem können auch technische Probleme in der Kommunikation zugrunde liegen. Deshalb sollte diese Adresse zu einem späteren Zeitpunkt nochmals testweise angesprochen werden. Gleiches gilt für die Softbounces. In dem Falle müssen entsprechende **Arbeitsanweisungen für das Bounce-Management** erarbeitet werden. Unternehmen sollten sich um das Ausmaß der Bounces kümmern, weil viele Bounces von Service-Providern als Indikator für Spam angesehen werden, was zum Sperren des jeweiligen Versenders führen kann.

* **Aufbau von zusätzlicher Glaubwürdigkeit der E-Kommunikation**
  Um die Glaubwürdigkeit der E-Kommunikation und damit auch ihren Wirkungsgrad zu steigern, wurden verschiedene Konzepte entwickelt. Bei *trustedDialog* von *United Internet* stehen die **Absenderauthentifizierung** sowie eine **Integritätsprüfung** der Kommunikationsinhalte im Mittelpunkt. Der Qualitätsstandard von *trustedDialog* wird durch einen Zusammenschluss von *web.de, GMX, 1&1, freenet* und *T-Online* bereits bei über 40 Mio. Empfängern eingesetzt. Ein aufwendiger Zertifizierungsprozess sorgt für einen zuverlässigen Spam- und Virenschutz (vgl. United Internet, 2021).

* **Einbindung der E-Kommunikation in die Gesamtkommunikation des Unternehmens**
Die Versendung von E-Newslettern sollte umfassend in die Unternehmenskommunikation eingebunden werden. Hierdurch lassen sich Offline-Kampagnen – etwa in Print oder im TV – in den Online-Bereich verlängern. Die E-Kommunikation kann auch Anstöße vermitteln, um weitere Aktivitäten in den sozialen Medien auszulösen. Denn trotz Social-Media-Hype kommt der E-Mail-Kommunikation für den Austausch zwischen Unternehmen und ihren Interessenten und Kunden immer noch die größte Bedeutung zu. Deshalb ist deren Einbindung in die Kommunikation des Unternehmens in vielen Fällen unverzichtbar.

Folgende Leitideen zur Erfolgssteigerung bei der E-Kommunikation sind ergänzend zu berücksichtigen:

* Nicht-Öffner der E-Mail-Kommunikation erhalten die gleichen Inhalte nochmals mit einer anderen **Betreffzeile.** Die Inhalte selbst können unverändert bleiben, weil diese für den Empfänger nach wie vor unbekannt sind.
* Wird die E-Mail-Kommunikation geöffnet, aber nicht geklickt, sind die **Calls-to-Action** zu modifizieren; dann ist der überarbeitete Newsletter nochmals zu versenden. Die Inhalte der Links selbst bleiben unverändert, weil die Nutzer diese noch nicht gesehen haben.
* Wird geklickt, aber nicht gekauft, sind die **Anreize** zu optimieren, um Kaufimpulse zu setzen.
* Wird ein Produkt angesehen, aber nicht gekauft, oder wird ein Kaufprozess abgebrochen, so können **E-Mail-Reminder** (ggf. mit Incentive für eine Bestellung, bspw. der Entfall von Gebühren für Porto und Verpackung) oder **Re-Targeting** eingesetzt werden.
* Wird ein Kaufprozess erfolgreich abgeschlossen, schließen sich **More-, Cross- und Up-Sell-Anstöße** an.

Neben diesen Erfolgsfaktoren und Leitideen für die E-Kommunikation ist jedes Unternehmen aufgerufen, die spezifischen Anforderungen der unterschiedlichen eigenen Zielgruppen an eine erfolgreiche Ausgestaltung von E-Mails und E-Newslettern zielgruppen- und kundenspezifisch zu ermitteln. Die auf diesen Ergebnissen aufbauenden **Learning Relationships** können zu nachhaltigen Wettbewerbsvorteilen in der Interessenten- und Kundenbeziehung beitragen.

Wie schon verschiedentlich herausgestellt, gilt bei der Ausgestaltung des Online-Marketings generell und auch bei der E-Kommunikation die Regel:

Testen, testen, testen!

Selbst für Spezialisten ist es nicht immer einfach, das Verhalten der Zielpersonen vorherzusagen. Deshalb sind immer wieder neue Varianten der Ansprache auszutesten. Hier kommt dem **A/B-Testing** eine besondere Bedeutung zu, um aus den gewonnenen Erkenntnissen weitere Optimierungen abzuleiten. Bei dieser Testform tritt neben die bisherige Ausgestaltung A (bspw. einer E-Mail) eine Variante B. Die Variante B darf sich nur in einer einzigen Komponente von der Ursprungsversion A unterscheiden. Nur dann können Unterschiede im Responseverhalten eindeutig auf diese Veränderung zurückgeführt werden.

Das A/B-Testing genannte Testverfahren kann bei der E-Kommunikation, bei Mailings, Response-Trägern, Anzeigen, Online-Bannern, Keyword-Anzeigen und Response-Mechanismen auf der Website (bspw. die Anmeldung zum Newsletter oder Aufforderungen zum Kauf) zum Einsatz kommen. Bei einer E-Mail wird die zu testende Variante B an eine Testgruppe, die Ursprungsvariante A an die Kontrollgruppe versendet. Da die Ursprungsvariante sich häufig in früheren Tests als besonders erfolgreich herausgestellt hat, wird diese Ursprungsvariante an die größere Zahl von Personen versandt. Häufig erfolgt die Aufteilung wie folgt:

* Variante A, Kontrollgruppe: 80 %
* Variante B, Testgruppe: 20 %

Wenn die Variante B sehr viel schlechter ausfallen sollte, ist der Schaden (bspw. durch geringeren Umsatz) nicht so hoch, wenn diese nur in 20 % der Fälle eingesetzt wurde. Die Aufteilung auf die Test- und Kontrollgruppe muss nach dem Zufallsprinzip erfolgen.

Vor dem Hauptversand einer E-Mail oder eines E-Newsletters kann durch einen A/B-Test festgestellt werden, welche **Betreffzeile** am besten funktioniert. Hierzu werden in einem **Vorabversand an eine Teilmenge der Zielgruppe** E-Mails oder E-Newsletter mit verschiedenen Betreffzeilen verschickt. Nach zwölf oder 24 h kann ermittelt werden, welche Art der Ansprache die höchsten Lese- und/oder Umwandlungsquoten erreicht hat. Diese kann dann für den **Hauptversand** eingesetzt werden. Hierbei ist sicherzustellen, dass man für den Vorabversand pro Variante eine ausreichend große Zahl von Zielpersonen anspricht. Wird mit einer Response-Quote von ca. 5 % bei einer Aussendung von bspw. 100.000 E-Mails oder E-Newsletter gerechnet, so sollten zwischen 200 und 400 Personen angesprochen werden. Je geringer die erwartete Response-Quote ist, desto höher fällt die Anzahl der erforderlichen Testpersonen aus, um belastbare Ergebnisse zu erzielen.

In Abb. 3.6 ist das **Design für einen A/B-Test zur Gewinnung von Newsletter-Abonnenten** dargestellt. Die relevante Erfolgsgröße ist hier die Anmeldequote. Durch den entsprechenden A/B-Test wurde ermittelt, dass die bisherige Variante A mit einer Anmeldequote von 7,8 % der neuen Version B mit einer Anmeldequote von 4,9 % überlegen war.

Bei einer E-Mail können bspw. auch verschiedene **Handlungsaufforderungen** getestet werden, die mit unterschiedlichen Rabattwerten arbeiten. Es kann eine A-Version mit einem Direktrabatt von 10 % und eine B-Version mit einem Rabatt von 10 € verglichen werden. Um Veränderungen im Responseverhalten genau einer Ursache zurechnen zu können, darf auch hier jeweils nur ein einziges Gestaltungselement verändert werden. Würden mehrere Elemente gleichzeitig variiert, könnte nicht auf die Ursache der Veränderung geschlossen werden.

Bevor auf den Testergebnissen basierende Optimierungen erfolgen, ist zunächst zu prüfen, ob das Ergebnis „zufällig" eintrat oder „statistisch signifikant" (d. h. „überzufällig") ist. Unterschiede zwischen Messgrößen oder Variablen in der Statistik werden als **signifikant** bezeichnet, wenn die Wahrscheinlichkeit, dass sie durch Zufall entstanden sind, nicht

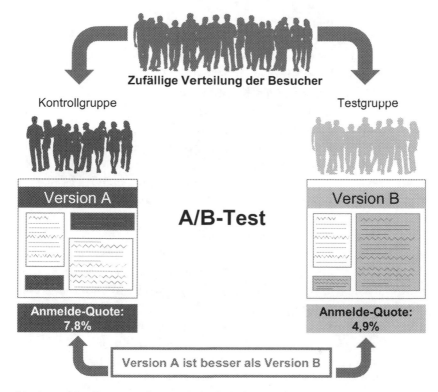

Abb. 3.6 Grundkonzept des A/B-Tests bei einer Website zur Registrierung eines Newsletters

über einem bestimmten Grenzwert liegt. „Signifikant" bedeutet folglich in der Statistik, dass ein „überzufälliger" Zusammenhang angenommen werden kann. Das bedeutet in der Konsequenz: Die ermittelten Ergebnisse sind nicht auf einen Zufall zurückzuführen. Die Signifikanz wird durch statistische Tests ermittelt. Die Auswahl des jeweils geeigneten **Testverfahrens** orientiert sich am Datenmaterial und den zu testenden Parametern. Nur dann kann eine mathematisch korrekte Einschätzung des Überschreitens einer bestimmten Irrtumswahrscheinlichkeit erfolgen (vgl. Fantapié Altobelli, 2017, S. 241–243). Um die **statistische Signifikanz** zu ermitteln, sind Signifikanztests durchzuführen. Hier eine Online-Test-Möglichkeit:

http://www.tests-im-direktmarketing.de/signifikanz/

Eine Weiterentwicklung des A/B-Tests stellt der sogenannte **A/B/n-Test** dar. Hierbei kommen nicht nur zwei, sondern „n" verschiedene Varianten parallel zum Einsatz. Die getesteten Versionen dürfen sich ebenfalls jeweils nur in einer Komponente von der Vergleichsgrundlage („Version A") unterscheiden. Dies können bei einem Online-Auftritt das Layout der Seite, die Headline, der Copy-Text, das Angebot oder andere Bildelemente sein. Die erzielten Ergebnisse der einzelnen Varianten können jeweils nur im Vergleich zur Ausgangsvariante A bewertet werden. Ein Vergleich der Varianten untereinander ist dagegen nicht möglich. Eine Online-Prüfung dieser Variante des A/B/n-Tests ist mit diesem Tool möglich:

https://converlytics.com/signifikanz-rechner-ab-test/

Damit die Aussagen des A/B-Tests aussagekräftig sind, muss zusätzlich sichergestellt werden, dass die Zuordnung der beiden Versionen auf strukturgleiche Gruppen trifft. Deshalb ist zur **Ermittlung der Güte der Stichprobenziehung** von Zeit zu Zeit einmal ein A/A-Test durchzuführen. Hierbei findet – wie bei den klassischen A/B-Tests auch – eine Aufteilung in eine Test- und eine Kontrollgruppe statt. Beim **A/A-Test** erhalten aber beide Gruppen die gleiche Ansprache. Sollten sich jetzt signifikante Unterschiede im Responseverhalten ergeben, kann dies an einer fehlerhaften Definition der Gruppen liegen. Dies gilt es zu vermeiden.

Generell gilt: Soweit technisch darstellbar und ökonomisch sinnvoll, sind die zum Einsatz kommenden Varianten der Kommunikation – online und offline – laufend auf ihr Optimierungspotenzial hin zu testen. Nur so können Veränderungen im Empfängerverhalten frühzeitig erkannt und berücksichtigt werden. A/B-Tests ermöglichen hierbei ein schrittweises Lernen und sollten deshalb Bestandteil jeder Aktion sein. Das Testen sollte generell als Prozess begriffen werden, der einmal beginnt und niemals endet. Schließlich verändert sich sowohl das Verhalten der Nutzer wie auch das der relevanten Wettbewerber; dies sollte sich zeitnah in der Kommunikation niederschlagen!

Zusätzlich sollte regelmäßig geprüft werden, wie **kundenorientiert** und wie **handlungsauslösend** die **E-Mail-Texte** ausfallen. Gerade aus der Innenperspektive eines Unternehmens fällt dies schwer, weil sich viele Institutionen – und nicht nur Behörden – einen **Kommunikationsstil** angewöhnt haben, der häufig **nicht sehr empfängerfreundlich** und **wenig handlungsstimulierend** ist. Um ein mögliches **Optimierungspotenzial** systematisch zu erkennen, kann bspw. die Software *TEO V2* von tcl.digital (2020) eingesetzt werden. Hiermit können Texte für Briefe, E-Mails, aber bspw. auch für Flyer und Websites daraufhin analysiert werden, inwieweit diese – orientiert an wissenschaftlichen Standards – lesefreundlich gestaltet sind.

Die **Bewertung der Texte** basiert auf folgenden Indizes (vgl. tcl. digital, 2020):

* **Verständlichkeitsindex** (u. a. gemessen durch die Wort- und Satzlänge)
* **Abstraktheitsindex** (ermittelt bspw. durch die Anzahl der Substantive)
* **Human-Interest-Index** (analysiert durch den Einsatz von persönlichen Sätzen)
* **Impulsindex** (bewertet durch die Art und Intensität der Handlungsappelle)

Durch einen Algorithmus wird hieraus der **TPI** (Text-Performance-Index) ermittelt. Dieser Algorithmus variiert in Abhängigkeit des jeweils anvisierten Kommunikationsziels. Schließlich bedarf es einer anderen Sprache, wenn nur Informationen vermittelt werden sollen (bspw. ein Faktenblatt für ein Produkt), als wenn die Kundenbetreuung oder eine Aktivierung zum Kauf das Ziel ist. Durch diese Analyse werden nicht nur konkrete Anregungen zur Optimierung vermittelt. Die eigenen Texte werden auch in Relation zu einem Benchmark bewertet, um den „Room for Improvement" zu verdeutlichen.

Wie die auf **Text-Performance** ausgerichtete Software *TEO V2* konkret funktioniert, wird durch die Analyse der in Abb. 3.7 gezeigten E-Mail eines Seminaranbieters veranschaulicht.

Zunächst wird der gesamte Brieftext im Hinblick auf seine **Performancequalität** analysiert. Hierbei wurde – abgeleitet vom Kommunikationsziel – die folgende Konfiguration zugrunde gelegt:

* Der Text wendet sich an eine Business-Zielgruppe (B2B).
* Der Text soll aktivieren (Presales).
* Der Text wird online veröffentlicht und rezipiert.

Der **Text-Performance-Index** (TPI) fungiert als zentraler Wert und ermittelt die Wirkprognose im Hinblick auf die Zielgruppe, die Zielsetzung und das Medium des Textes. Der TPI kann maximal den Wert von 20 annehmen. Der in Abb. 3.7 gezeigte Text verfehlt die **Benchmark** von 16 um 1,70 Punkte und signalisiert damit **Optimierungsbedarf** (vgl. Abb. 3.8). Die Basis für die Bewertung ist die bereits beschriebene Analysekonfiguration. Abb. 3.8 zeigt, dass der Text einen Satz aufweist, der zu lang ist. Die **Verständlichkeit** liegt analog zum TPI im gelben Bereich. Das primäre Optimierungspotenzial liegt folglich nicht hier.

Die Analyse im Hinblick auf **Bildhaftigkeit** zeigt, dass der Text mit einem Substantiv-Anteil von 29 % vom Nominal-Stil geprägt ist (vgl. Abb. 3.9). Folglich fällt er nicht besonders aktivierend aus und ist auch nicht nah am Leser.

Im Bereich der **Aktivierung** besteht bei der hier analysierten E-Mail ein großes Potenzial. Obwohl der Text in den Sales-Funnel führen soll, fehlen ihm die entsprechenden Impulse in Gestalt eines direkten Kauf-Appells (Call-to-Action; vgl. Abb. 3.10). Es ist lediglich ein Impuls in der schwächsten Kategorie (Kategorie 3) vorhanden.

Im Hinblick auf die **Leserorientierung** wird sichtbar, dass der Text zwar ausreichend persönliche Merkmale aufweist (vgl. Abb. 3.11). Er bleibt allerdings überwiegend in der Wir-Perspektive (83 %) und spricht den Leser nur zweimal direkt an (17 %). Dies ist ein Indiz für eine geringe Vorteilsorientierung der Argumentation.

Die Analyse hinsichtlich der **Stilmerkmale** zeigt, dass der Text keine Kausal-Adverbien beinhaltet. Das heißt, dass dem Text Rückbezüge und Begründungen fehlen. Dies spricht für einen rein feststellenden und informierenden Stil. Dieser Eindruck wird durch die nahezu völlig fehlenden Dialogelemente (Redepartikel, Dialogfloskeln) unterstrichen. Die **Gesamtbewertung** zeigt, dass dieser Text primär aufzählend, feststellend und informierend wirkt. Dagegen fehlen sowohl eine konsequente Aktivierung wie auch eine Leserorientierung. Diese Inhalte

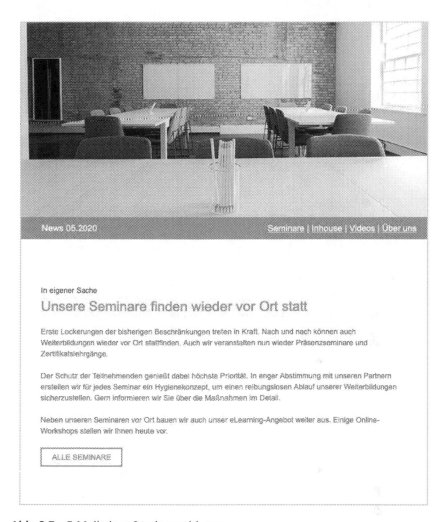

Abb. 3.7   E-Mail eines Seminaranbieters

sind allerdings bei E-Mails mit den Zielen Presales bzw. Sales besonders wichtig, um den Empfänger aktiv in den Sales-Funnel zu führen. Unternehmen tun gut daran, ihre Kommunikation konsequent an den hier zugrunde liegenden wissenschaftlichen Erkenntnissen zu orientieren.

Abb. 3.8 *TEO-V2*-Analyse der E-Mail – Gesamtwert und Detailansicht „Verständlichkeit". (Quelle: tcl.digital, 2020)

Abb. 3.9 *TEO-V2*-Analyse der E-Mail – „Bildhaftigkeit". (Quelle: tcl.digital, 2020)

Abb. 3.10 *TEO-V2*-Analyse der E-Mail – „Aktivierung". (Quelle: tcl.digital, 2020)

Abb. 3.11 *TEO-V2*-Analyse der E-Mail – „Leser-Orientierung". (Quelle: tcl. digital, 2020)

Ihr Transfer in die Praxis

- Stellen Sie sicher, dass die grundlegenden Erfolgsfaktoren des E-Mail-Marketings allen verantwortlichen Mitarbeitern bekannt sind.
- Prüfen Sie systematisch, ob diese Erfolgsfaktoren auch tatsächlich eingesetzt werden.
- Ermitteln Sie entsprechende Defizite und stellen Sie diese zeitnah ab.
- Bei jedem Versand von E-Mails und E-Newslettern sollten Sie A/B-Tests zur Optimierung der Kommunikationsleistung einsetzen.
- Führen Sie alle drei bis sechs Monate einen A/A-Test durch.

Literatur

Fantapié Altobelli, C. F. (2017). *Marktforschung: Methoden – Anwendungen – Praxisbeispiele* (3. Aufl.). UVK.

Schwarz, T. (2017). *Erfolgreiches E-Mail-Marketing. Adressgewinnung, Newsletter-Gestaltung, Software, Monitoring.* Haufe.

tcl.digital. (2020). Brand focus meets customer centricity. https://tcl.digital/. Zugegriffen: 16. Juni 2020.

United Internet. (2021). Qualitätsstandard. https://www.united-internet-media.de/de/produkteundloesungen/dialogsolutions/trusteddialog/qualitaetsstandard/. Zugegriffen: 27. März. 2021.

4

Controlling des E-Mail-Marketings

Zusammenfassung In diesem Kapitel wird erklärt, welche Konzepte zum Controlling des E-Mail-Marketings eingesetzt werden können und sollten. Hierzu wird herausgearbeitet, welchen KPIs besondere Bedeutung zukommt. Die Grundlage für die nachfolgenden Ausführungen ist das Kapitel E-Mail-Marketing meines Buchs „Praxisorientiertes Online-Marketing".

> **Was Sie aus diesem Kapitel mitnehmen**
>
> * Umfassender Aufbau eines E-Mail-Marketing-Controllings
> * Definition von KPIs zu Messung der Erfolge des E-Mail-Marketings in der Pre-Sales-, Sales- und Post-Sales-Phase
> * Unterscheidung zwischen KPIs zur Leistungsmessung und KPIs zur Ermittlung der Wirtschaftlichkeit

---

Elektronisches Zusatzmaterial Die elektronische Version dieses Kapitels enthält Zusatzmaterial, das berechtigten Benutzern zur Verfügung steht https://doi.org/10.1007/978-3-658-34217-3_4.

Zum **Controlling des E-Mail-Marketings** können unterschiedliche Kennzahlen eingesetzt werden. Ein entscheidender Vorteil ist, dass die Reaktionen auf der Empfängerebene i. d. R. in Echtzeit erfassbar sind. Es können u. a. die folgenden Fragen durch eine leistungsfähige **E-Mail-Software** beantwortet werden:

* **Wie viele E-Mails konnten zugestellt bzw. nicht zugestellt werden?**
  Die **Zustellrate** gibt an, wie viele E-Mails zugestellt wurden.

$$\text{Zustellrate} = \frac{\text{Versandmenge} - \text{Bounces}}{\text{Versandmenge}} \times 100$$

Je höher dieser Wert ist, desto gepflegter sind die eingesetzten E-Mail-Adressen. Die Zustellrate sollte über 95 % liegen. Sonst sollte der E-Mail-Verteiler bereinigt werden, weil eine geringe Zustellrate als Merkmal von Spam-E-Mails angesehen wird.
Die **Bounce-Rate** stellt die Anzahl der Bounces an der Versandmenge in Prozent dar.

$$\text{Bounce-Rate (gesamt)} = \frac{\text{Anzahl der Hard- und Softbounces}}{\text{Versandmenge}} \times 100$$

$$\text{Hardbounce-Rate} = \frac{\text{Anzahl der Hardbounces}}{\text{Versandmenge}} \times 100$$

$$\text{Softbounce-Rate} = \frac{\text{Anzahl der Softbounces}}{\text{Versandmenge}} \times 100$$

Die Bounce-Rates sind ein Indikator für die Qualität der E-Mail-Adressen – auch in den Augen der Service-Provider des E-Mail-Marketings. Je höher die Bounce-Rates ausfallen, desto schlechter ist die Qualität der eingesetzten E-Mail-Adressen. Die Höhe der **Bounce-Rate** gibt folglich Auskunft über den **Pflegezustand eigener E-Mail-Adressen.** Hohe Bounce-Raten verzerren zum einen die

ermittelbaren Reaktionsquoten, wenn die Zahl der Reagierer fälschlicherweise auf die Versandmenge (Brutto-Bestand) bezogen wird
und nicht auf die Anzahl zustellbarer E-Mails, die Netto-Bestand
oder Zustellmenge genannt wird. Dann fallen Response-Quoten i. S.
der Öffnungs- und Klick-Raten niedriger aus, als wenn die Anzahl
der Reagierer auf die tatsächliche Zustellmenge bezogen würden.
Deshalb sollten Response-Quoten immer in Relation zur Zustellmenge gesetzt werden. Zum anderen riskiert man – wie bereits
erwähnt – mit einem E-Mail-Versand, der viele Bounces produziert,
von Service-Providern als Spam-Versender bewertet und entsprechend gesperrt zu werden.
Die Zustellrate sowie die Bounce-Rate stellen Indikatoren für die
Qualität der eingesetzten E-Mail-Adressen dar.

* **Wie viele der E-Mails bzw. der E-Newsletter wurden geöffnet bzw.
  nicht geöffnet?**
  Ein weiteres Erfolgskriterium ist die Relation zwischen den
  Empfängern einer E-Mail bzw. eines E-Newsletters und denjenigen,
  die diese bzw. diesen nach dem Empfang geöffnet haben. Um die
  Öffnungsraten zu ermitteln, ist die Gesamtzahl der Öffnungen
  in Relation zur Versandmenge (Brutto-Öffnungsrate) bzw. zur
  Zustellmenge (Netto-Öffnungsrate) zu ermitteln. Erfolgt bei 1.000
  zugestellten E-Mails 600 Mal eine Öffnung, so ergibt sich eine
  Netto-Öffnungsrate von 60 %.
  Bei der **gesamten Öffnungsrate** (auch **Open Rate**) werden im
  Vergleich zur Unique Öffnungsrate auch die Mehrfachöffnungen
  gezählt. Deshalb kann die gesamte Öffnungsrate auch mehr als
  100 % erreichen.

$$\text{Netto-Öffnungsrate} = \frac{\text{Öffnungen}}{\text{Zustellmenge}} \times 100$$

Hohe Öffnungsraten sind ein Indikator für das Interesse der
Empfänger an den präsentierten Inhalten. Nicht alle E-Mail-
Programme zählen das mehrfache Öffnen durch einen Nutzer bzw.
präziser durch eine IP-Adresse.

Die Unique–Öffnungs-Rate (auch Unique Open Rate) zeigt an, wie viele Empfänger eine E-Mail geöffnet haben. Das mehrfache Öffnen einer E-Mail durch die gleiche Person wird hierbei nicht zusätzlich berücksichtigt. Bei der Ermittlung der Unique Öffnungsrate werden die Öffnungen folglich nur einmal pro Empfänger gemessen.

$$\text{Unique Netto-Öffnungsrate} = \frac{\text{Unique Öffnungen}}{\text{Zustellmenge}} \times 100$$

Öffnen bei 1.000 zugestellten E-Mails 500 verschiedene Personen die E-Mail, so ergibt sich eine Unique Netto-Öffnungsrate von 50 %. Die Höhe der Öffnungsrate sagt etwas über die Attraktivität der angekündigten Inhalte sowie über die Attraktivität des Versenders in den Augen der Empfänger aus.

Häufig wird in der weiteren Interpretation der Zahlen das Öffnen mit dem Lesen einer E-Mail oder eines E-Newsletters gleichgesetzt, obwohl dies nicht der Nutzungsrealität entspricht.

Interessant ist auch die **mobile Öffnungsrate.** Diese gibt an, wie viel Prozent der Öffnungen auf einem mobilen Endgerät erfolgten.

$$\text{Mobile Öffnungsrate} = \frac{\text{Mobile Öffnungen}}{\text{Gesamtzahl der Öffnungen}} \times 100$$

Je höher dieser Wert ist, desto mehr Nutzer greifen mobil auf die kommunizierten Inhalte zu. Die mobile Öffnungsrate ist bei der Ausgestaltung der Inhalte zu berücksichtigen. Generell ist es sinnvoll, die E-Mail-Templates direkt für mobile Endgeräte zu optimieren, weil die Anzahl der mobilen Zugriffe kontinuierlich zunimmt.

Die **Öffnungsraten** (gesamt und mobil, brutto und netto) sind **Indikatoren für die Relevanz des Senders** aus der Perspektive des Empfängers.

* **Wie viele Empfänger haben etwas in einer E-Mail bzw. im E-Newsletter angeklickt?**
  Die **Click-Through-Rate** bzw. die **Klick-Rate** zeigt, wie viele Klicks bezogen auf die Zustellmenge ermittelt wurden.

$$\text{Click-Through-Rate} = \frac{\text{alle Klicks}}{\text{Zustellmenge}} \times 100$$

Je höher diese Werte sind, desto interessanter sind die präsentierten Inhalte in den Augen der Empfänger.

Auch hier kann eine Unique Click-Through-Rate ermittelt werden, indem nur Unique Clicks – d. h. ein Klick pro Person – ausgewertet werden.

Eine weitere wichtige Kennzahl ist die **Click-to-Open-Rate** (CTOR; **Klicks-zu-Öffnungen-Rate;** auch effektive Klick-Rate). Sie ermittelt, wie viel Prozent der Personen, die eine E-Mail geöffnet haben, auch einen Link angeklickt haben. Auch diese Kennzahl kann brutto und netto ausgewiesen werden. Bei der Brutto-Click-to-Open-Rate werden alle Klicks in Relation zu allen Öffnungen gesetzt.

$$\text{Brutto-Click-to-Open-Rate} = \frac{\text{Anzahl der Klicks}}{\text{Anzahl der Öffnungen}} \times 100$$

Bei der Netto-Click-to-Open-Rate werden die Unique Klicks in Relation zu den Unique Öffnungen gesetzt. Hierdurch wird ermittelt, wie viele der Öffner mindestens einmal geklickt haben.

$$\text{Netto-Click-to-Open-Rate} = \frac{\text{Unique Klicks}}{\text{Unique Öffnungen}} \times 100$$

Je höher diese Werte sind, desto interessanter sind die präsentierten Inhalte in den Augen der Empfänger.

Durch die **Klicks-pro-Link-Rate** kann für jeden Link einzeln ermittelt werden, wie häufig er geklickt wurde. Basierend auf den so gewonnenen Informationen kann eine Hitliste der interessantesten Themen erstellt werden. So kann eine Annäherung an die Interessen der Empfänger erfolgen, um die Informationsangebote im Idealfall immer stärker auf diese Erwartungen auszurichten. Zusätzlich kann eine **durchschnittliche Klicks-pro-Link-Rate** ermittelt werden. Hierfür wird die Anzahl der insgesamt durch einen Newsletter generierten Klicks durch die Gesamtzahl der Links eines Newsletters geteilt.

$$\text{Durchschnittliche Klicks-pro-Link-Rate} = \frac{\text{Gesamtzahl der Klicks, die ein Newsletter generiert hat}}{\text{Gesamtzahl der Links eines Newsletters}}$$

Je höher diese Werte sind, desto interessanter sind die präsentierten Inhalte in den Augen der Empfänger. Mit der zunehmenden Zahl der Klicks steigt tendenziell auch die Wahrscheinlichkeit, dass der Empfänger etwas Spannendes für sich findet.

Auch das **mehrfache Anklicken eines Links** durch einen Nutzer kann erfasst und ausgewertet werden.

Schließlich ist auch die **Lesedauer** zu erfassen. Dieser Wert kann einzeln pro Leser sowie als Durchschnitt aller Leser ausgewiesen werden. Der Durchschnitt kann wie folgt ermittelt werden:

$$\text{Lesedauer} = \frac{\text{Summe aller Öffnungsdauern in Sekunden}}{\text{Anzahl der Öffnungen}} \times 100$$

$$\text{Lesedauer je Öffner} = \frac{\text{Summe aller Öffnungsdauern in Sekunden}}{\text{unique Öffnungen}} \times 100$$

Je höher dieser Wert ist, desto interessanter ist tendenziell auch der Inhalt. Eine lange Lesedauer kann aber auch ein Indikator dafür sein, dass sich die Leser mit den Inhalten und möglichen Calls-to-Action nicht zurechtfanden und deshalb viel Zeit in die Analyse der Inhalte investierten. Dies gilt es anhand der erzielten Conversions zu ermitteln.

Auch die **Weiterleitungsrate** ist nach jedem Versand zu ermitteln. Eine Weiterleitung kann klassisch über die **E-Mail-Funktionalität** erfolgen oder über eine sogenannte **SWYN-Funktion.** SWYN steht für „Share with your network" und beschreibt das Teilen eines Inhalts bspw. über *Facebook* oder *Twitter.* Hier wird auch von Social Sharing gesprochen.

Die **Weiterleitungsrate** ermittelt, wie viele Empfänger einer E-Mail diese über eine Tell-a-Friend-Funktion an Dritte weitergeleitet haben.

$$\text{Weiterleitungsrate} = \frac{\text{Weiterleitungen}}{\text{Zustellmenge oder unique Öffnungen}} \times 100$$

Je höher dieser Wert ist, desto überzeugender sind die präsentierten Inhalte in den Augen der Empfänger.

Die **SWYN-Rate** (auch **Social-Sharing-Rate**) weist aus, wie viel Prozent der Öffner einzelne Artikel aus einer E-Mail oder einem E-Newsletter über die sozialen Netze geteilt haben. Um diesen Prozess zu forcieren, können über sogenannte SWYN-Links (SWYN steht für „Share with your network") einzelne Artikel aus einer E-Mail oder einem E-Newsletter dem Leser zum Teilen in den sozialen Netzen angeboten werden. Wie viele davon genutzt werden, wird durch die SWYN-Rate ausgewiesen.

$$\text{SWYN-Rate} = \frac{\text{Klicks auf SWYN-Links}}{\text{Zustellmenge oder unique Öffnungen}} \times 100$$

Je höher dieser Wert ist, desto überzeugender sind die präsentierten Inhalte in den Augen der Empfänger.

Zusätzlich ist die **Abmelderate** zu ermitteln. Sie sagt aus, wie viel Prozent der Empfänger der E-Kommunikation nach dem Versandprozess ihre Erlaubnis zum entsprechenden Versand entzogen haben. Bei der Abmelderate werden die erfolgten Abmeldungen aus einem E-Mail-Verteiler in Relation zur Zustellmenge gesetzt.

$$\text{Abmelderate} = \frac{\text{Anzahl der Abmeldungen aus dem E-Mail-Verteiler}}{\text{Zustellmenge}} \times 100$$

Je höher dieser Wert ist, desto weniger überzeugend waren Inhalt, Timing, Frequenz und/oder Absender.

Die Click-Through-Rate sowie die Click-to-Open-Rate (jeweils brutto und netto), die Klicks pro einzelnem Link wie auch die durchschnittlichen Click-Rates, die erzielte Lesedauer, die Abmelderate und die Weiterleitungsrate sind Indikatoren für die Relevanz der Inhalte aus der Perspektive des Empfängers.

* **Wie viele Empfänger haben aufgrund der E-Kommunikation reagiert und bspw. eine Informationsanforderung oder einen Kaufvorgang abgeschlossen?**
Hierzu gehört zunächst die **Antwortrate,** die darüber Auskunft gibt, wie viele der Empfänger direkt auf die E-Mail geantwortet haben.

$$\text{Antwortrate} = \frac{\text{Anzahl der individuellen Antworten}}{\text{Zustellmenge}} \times 100$$

Welcher Wert hier angestrebt wird, ist abhängig vom jeweiligen Kampagnenziel. Individuelle Antworten erfordern auch – meist kostenintensive – individuelle Reaktionen.
Hier stehen wiederum verschiedene Conversions im Mittelpunkt. In Abhängigkeit der Ziele einer E-Mail-Aktion können verschiedene Conversions („Umwandlungen") angestrebt werden. Hierzu zählen das Abonnement eines Newsletters, die Anforderung eines Angebots oder eines Katalogs, die Vereinbarung eines Gesprächs-termins, die Platzierung einer Bestellung oder der Besuch in einem stationären Geschäft. Conversions können bspw. die Anforderung von Informationen oder direkte Bestellungen sein. Hier wird die Conversion-Rate als **Anforderungsquote** bzw. als **Bestellquote** aus-gewiesen. Um ein wertorientiertes Management zu unterstützen, sind bei Verkaufsvorgängen zusätzlich die **Umsatzhöhen** zu ermitteln.

$$\text{Conversion-Rate} = \frac{\text{Conversions}}{\text{Zustellmenge}} \times 100$$

Je höher dieser Wert ist, desto effektiver war eine Werbeaktion.
Zusätzlich ist die **Beschwerderate** zu ermitteln. Web-Mailer liefern teilweise eine Information zurück, welche Empfänger eine E-Mail als Spam markiert haben. Diese Personen können auf eine Liste gesetzt werden, um beim nächsten Versand ausgeschlossen zu werden.

$$\text{Beschwerderate} = \frac{\text{Anzahl der Beschwerden}}{\text{Zustellmenge}} \times 100$$

Je höher dieser Wert ist, desto weniger überzeugend waren Inhalt, Timing, Frequenz und/oder Absender.

Die Antwortrate, die Conversion-Rate (bspw. in Gestalt von Anforderungsquote und Bestellquote, inkl. erzielter Umsätze) und die Beschwerderate sind Indikatoren für die Handlungsrelevanz der E-Kommunikation.

* **Wie viele Käufer schließen den gesamten Kaufvorgang erfolgreich ab?**
Nicht jeder Käufer weist das vom Unternehmen erwünschte Zahlungsverhalten auf und muss bspw. angemahnt werden; oder Forderungen müssen sogar ausgebucht werden. Außerdem sind die nach Produktkategorie unterschiedlichen **Retourenquoten** zu berücksichtigen.

$$\text{Retourenquote} = \frac{\text{Anzahl der Retouren}}{\text{Anzahl der Bestellungen}} \times 100$$

Unter Beachtung dieser Verhaltensweisen sind zusätzlich die **kundenbezogenen Deckungsbeiträge** zu ermitteln.

Das Zahlungsverhalten, die Retourenquoten sowie die kundenbezogenen Deckungsbeiträge sind Indikatoren für die Qualität der Kunden aus der Perspektive des Unternehmens.

* **Wie viele Käufer bleiben dem Unternehmen verbunden?**
Weiterführend ist zu erfassen, wie viele Interessenten bzw. Kunden erneut die **Website besuchen** und **Käufe tätigen** bzw. **Empfehlungen** aussprechen. Bei der Ermittlung der Wiederkäuferrate ist es vom Geschäftsmodell abhängig, welcher Zeitraum hierfür herangezogen wird.

$$\text{Wiederkäuferrate} = \frac{\text{Anzahl der Käufer, die innerhalb eines Jahres wiederholt gekauft haben}}{\text{Gesamtzahl der Käufer}} \times 100$$

Je höher die Wiederkäuferrate ist, desto höher ist tendenziell die Kundenzufriedenheit – soweit das Unternehmen kein Monopol besitzt.

Ein Indikator für die Verbundenheit zu einem Unternehmen ist auch die **Double-Opt-in-Rate.** Das Double-Opt-in-Verfahren ist für eine rechtskonforme E-Mail-Permission unverzichtbar. Durch diese Rate kann festgestellt werden, wie viele Nutzer nicht nur ein Single Opt-in erteilt, sondern auch auf den Bestätigungslink geklickt haben.

$$\text{Double-Opt-in-Rate} = \frac{\text{Anzahl an Double Opt-ins}}{\text{Anzahl der Single Opt-ins}} \times 100$$

Je höher dieser Wert ist, desto überzeugender ist die Einladung zum Double Opt-in ausgefallen.

Eine weitere wichtige Leistungsgröße ist die **Wachstumsrate des E-Mail-Verteilers** (auch **Verteilerwachstumsrate**). Durch diese wird erfasst, wie sich ein E-Mail-Verteiler über die Zeit entwickelt.

$$\text{Verteilerwachstumsrate} = \frac{\text{Anzahl Empfänger Zeitpunkt 2 - Anzahl der Empfänger Zeitpunkt 1}}{\text{Anzahl der Empfänger Zeitpunkt 1}} \times 100$$

Je höher ein positiver Wert der Verteilerwachstumsrate ausfällt, desto dynamischer wächst der Empfängerkreis. Wenn die Verteiler-wachstumsrate negativ ist, schrumpft der Verteiler. Wichtig ist hier der Hinweis, dass es bei einem E-Mail-Verteiler nicht nur um ein quantitatives Wachstum geht, sondern vor allem um die zusätzliche Gewinnung relevanter E-Mail-Adressen (qualitatives Wachstum).

Über alle Phasen hinweg kann auch ermittelt werden, wie viel Prozent der Empfänger insgesamt aktiv geworden sind. Diese umfassende Größe nennt man **Engagement-Rate.** Die Engagement-Rate zeigt auf, wie viele Empfänger insgesamt in der ein oder anderen Form auf eine E-Mail oder einen E-Newsletter reagiert haben. Die Aktivitäten können Klicks, Shares, Downloads, Käufe etc. umfassen.

$$\text{Engagement-Rate} = \frac{\text{Gesamtzahl aller Aktivitäten der Empfänger}}{\text{Anzahl der Empfänger}} \times 100$$

In Summe ist eine hohe Engagement-Rate gewünscht. Allerdings geht es primär um die angestrebten Arten des Engagements; schließlich stellt eine Beschwerde auch eine Form des Engagements dar.

Die Wiederbesuchsraten, die Wiederkaufraten sowie die Empfehlungsquoten sind weitere Indikatoren der Kundenqualität. Die Double-Opt-in-Rate sowie die Wachstumsrate des E-Mail-Verteilers sind Indikatoren für die Verbundenheit mit dem Unternehmen. Einen übergreifenden Indikator hierfür stellt die Engagement Rate dar.

* **Welche Kosten sind mit den verschiedenen Aktivitäten verbunden?**
Schließlich ist zu ermitteln, welche Kosten mit den verschiedenen Aktivitäten verbunden sind. Hierzu können die folgenden Kenngrößen ermittelt werden. Der **Cost per View** zeigen auf, wie viel für eine einzige Öffnung investiert werden musste.

$$\text{Cost per View} = \frac{\text{Gesamtkosten der Kampagne}}{\text{Anzahl der Öffnungen}}$$

Je niedriger der Wert, desto kostengünstiger wurde eine Öffnung erzielt.
Die **Cost per Click** weisen aus, wie viel für einen einzigen Klick investiert werden musste.

$$\text{Cost per Click} = \frac{\text{Gesamtkosten der Kampagne}}{\text{Anzahl der generierten Klicks}}$$

Je niedriger der Wert, desto kostengünstiger war ein Klick.
Durch den **Tausend-Kontakte-Preis (TKP)/Cost per Mille (CPM)** wird angegeben, wie viel investiert werden musste, um 1.000 Personen mit einem Anstoß zu erreichen.

$$\text{TKP} = \frac{\text{Gesamtkosten der Kampagne}}{\text{Anzahl der Empfänger} \times \text{Öffnungsrate}} \times 100$$

Je niedriger der TKP, desto günstiger war es für den Versender, diese Empfänger zu erreichen. Diese Kosten allein sagen aber nichts darüber aus, wie erfolgreich eine Aktion war.

Eine besondere Bedeutung kommt der **Rentabilitätsrechnung** zu, die den Umsatz oder – noch aussagefähiger – den Deckungsbeitrag der erzielten Bestellungen bzw. der Verkäufe den eingesetzten Werbekosten gegenüberstellt. Bei der längerfristigen, einzelkundenorientierten Rentabilitätsrechnung sind die in der After-Sales-Phase anfallenden Kosten sowie hier erzielte weitere Ergebnisse zu berücksichtigen, um den Kundenwert zu errechnen.

Schließlich ist zu ermitteln, welche Kosten mit der Gewinnung von Interessenten, Aufträgen bzw. weiteren Conversions verbunden sind. Hierzu sind die folgenden Erfolgskennzahlen zu ermitteln:

* **Cost per Lead (CPL)/Cost per Interest (CPI)**
  Zur Ermittlung dieser Größe werden die **Gesamtkosten der Interessentengewinnung** (bspw. die CPI sowie die Kosten für die Kreation der Werbemittel, die Bereitstellung von Incentives etc.) durch die Gesamtzahl der gewonnenen Interessenten dividiert. Erst diese Kenngröße ermöglicht einen Vergleich der Kosten der Interessentengewinnung zwischen verschiedenen Offline- bzw. Online-Maßnahmen.

$$\text{Cost per Lead} = \frac{\text{Gesamtkosten einer Neukundengewinnungsaktion}}{\text{Gesamtzahl der neu gewonnenen Interessenten}}$$

Je niedriger der Wert, desto kostengünstiger war es, einen Interessenten (Lead, Interest) zu generieren. Spannend ist jedoch die Frage, ob die gewonnenen Interessenten auch zu Kunden „gemacht" werden können. Schließlich kosten Interessenten nur Geld, während mit Kunden Umsätze und – noch besser – Deckungsbeiträge erwirtschaftet werden können.

* **Cost per Order (CPO)/Pay per Sale (PPS)**
  Zur Ermittlung des CPO werden die **Gesamtkosten der Auftragsgewinnung** durch die Anzahl der gewonnenen Aufträge dividiert. Auf diese Weise werden die Kosten pro Auftrag bzw. pro Bestellung ermittelt. Diese Gesamtkostenbetrachtung ist notwendig, um einen Vergleich der Kosten der Auftragsgewinnung zwischen verschiedenen Offline- bzw. Online-Maßnahmen zu ermöglichen.

$$\text{Cost per Order} = \frac{\text{Gesamtkosten einer Akquisitionsmaßnahmen}}{\text{Gsamtzahl der ausgelösten Bestellungen}}$$

Je niedriger der Wert, desto kostengünstiger war es, einen Auftrag oder eine Bestellung auszulösen. Dieser Wert ist sinnvollerweise in Zusammenhang mit dem erzielten Umsatz bzw. besser mit dem erzielten Deckungsbeitrag der Bestellung zu interpretieren. Auch die „Haltbarkeit" und der über mehrere Jahre erzielte Kundenwert sind hierbei zu berücksichtigen.

* **Cost per Conversion/Cost per Acquisition (CPA)**
  Da es neben einem Kauf bzw. einer Bestellung auch weitere Arten von Conversions gibt (bspw. das Abonnement eines Newsletters), kann es notwendig werden, auch für diese Art von Conversions die angefallenen Kosten zu ermitteln. Hier gilt, dass dieser Begriff unpräziser ist als die vorgenannten; schließlich muss immer genau definiert werden, welche Art von Conversion gemeint ist.

$$\text{Cost per Conversion} = \frac{\text{Gesamtkosten einer Aktion}}{\text{Gesamtzahl der erzielten Conversions}}$$

Die meisten der für die Ermittlung dieser Kennzahlen vorhandenen Daten sind nach Abschluss der Aktion vorhanden und müssen u. U. „nur" aus verschiedenen Systemen zusammengeführt werden. Die hier ermittelten Ergebnisse sind mit den korrespondierenden Zielen zu vergleichen, die im Rahmen der Planung definiert wurden.

> Alle Unternehmen sind aufgerufen, diese **Analysen** auch tatsächlich durchzuführen – um einen **kommunikativen Blindflug** zu vermeiden! Viel zu häufig bleiben die hier möglichen **Lernpotenziale** unausgeschöpft, weil Manager von einer Aktion zur anderen springen, ohne die erzielten Ergebnisse umfassend auszuwerten.

Eine Studie von Newsletter2Go (2019) liefert interessante **Vergleichszahlen für die E-Kommunikation.** Die Datengrundlage hierfür bestand aus 390.000 Newslettern, die im Zeitraum vom 30.06.2018 bis zum 30.06.2019 an *Newsletter2Go*-Kunden versandt wurden. In diese Studie wurden insgesamt 29 Branchen aus dem B2B-und B2C-Bereich abgedeckt. Um bei der Analyse eingesetzte Testmailings auszuschließen und aussagekräftige Ergebnisse zu erzielen, wurden nur Mailings mit einer Empfängerzahl zwischen 20 und 30.000 berücksichtigt. Hierbei wurde u. a. deutlich, dass im Einzelhandel bei der wichtigen Click-Through-Rate im Vergleich zum Durchschnitt aller Branchen noch Optimierungsbedarf besteht (vgl. Abb. 4.1).

Die wichtigsten **Messgrößen zur Bewertung der E-Kommunikation** sind in Abb. 4.2 zusammengeführt. Zusätzlich sind die erzielten Ergebnisse mit den eingesetzten Kosten in Relation zu setzen, um die Wirtschaftlichkeit der Maßnahmen zu ermitteln. Die hierfür einzusetzenden KPIs sind ebenfalls in Abb. 4.2 enthalten. Bei der **Auswertung der E-Kommunikation** ist sicherzustellen, dass man sich innerhalb der rechtlichen Grenzen bewegt.

Welche **KPIs** von Unternehmen in Deutschland zur **Erfolgsmessung des E-Mail-Marketings** tatsächlich eingesetzt werden, zeigt Abb. 4.3. Diesen Ergebnissen liegt eine Befragung von 67 E-Mail-Marketing-Experten zugrunde. Hierbei wurde gefragt: „Was sind für Sie die drei

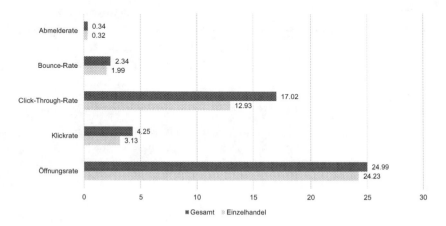

Abb. 4.1 Ausgewählte Performance-Kennzahlen der E-Kommunikation – branchenübergreifender Durchschnitt und Werte im Einzelhandel – in %. (Quelle: Newsletter2Go, 2019)

	Zustellung von E-Mails und E-Newslettern	Pre-Sales-Aktivitäten	Sales-Aktivitäten	After-Sales-Aktivitäten
Leistungs-größen	• Zustellrate • Rate der Hardbounces • Rate der Softbounces	• Öffnungsrate gesamt • Mobile Öffnungsrate • Öffnungsfaktor • Click-Through-Rate • Click-to-open-Rate • Klicks pro einzelnem Link • Click-Rate (Ø Anzahl von Klicks pro Aussendung) • Lesedauer • Abmelderate • Weiterleitungsrate • Antwortrate • Anforderungsquote bei Informationen	• Bestell-Quote • Ø Umsatzhöhe	• Zahlungs-verhalten • Retournier-verhalten • Wiederbesuchs-rate • Wiederkaufrate • Empfehlungs-quote • Engagement-Rate (über alle Phasen)
Kosten-/ Wirtschaftlich-keitsgrößen	• Anmietkosten von externen E-Mail-Adressen • Kosten der Konzeption der E-Mail bzw. des E-Newsletters • Kosten ausgelobter Incentives • Kosten von Follow-up-Material	• Cost per View (eine Öffnung muss hier nicht erfolgt sein) • Kosten pro geöffneter Aussendung • Cost per Click • Cost per Interest/Cost per Lead • TKP (Tausender-Kontakt-Preis)	• Cost per Order • Ø Deckungs-beitrag • Werbekosten-rentabilität (Umsatz zu Werbekosten; Deckungsbeitrag zu Werbekosten)	• Kosten der Nachbetreuung • ROI über die gesamte Aktion

Abb. 4.2 Messgrößen zur Bewertung der E-Kommunikation

wichtigsten KPIs zur Bewertung Ihrer E-Mail-Marketing-Kampagne?" Weniger als die Hälfte der Experten zählt den Return-on-Invest zu den wichtigsten drei KPIs; obwohl nur dieses Kriterium etwas über die Wirtschaftlichkeit aussagt. Alle anderen Kriterien sind teilweise am Anfang des Conversion-Funnels angesiedelt und sagen nichts über tatsächlich erreichte Conversions aus. Die einzige gemessene Conversion ist das Double-Opt-in für die E-Mail-Kommunikation.

Die meisten Unternehmen fokussieren KPIs, die am Beginn des Conversion-Funnels liegen. Wichtige Conversion-Rates (etwa zur Angebotsanforderung oder zu Verkäufen) werden nicht eingesetzt. Die meisten Kampagnen zielen letztendlich auf die unterschiedlichsten Conversions ab – oder sollten es zumindest.

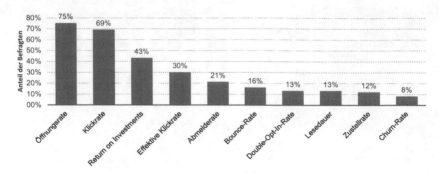

Abb. 4.3 Die drei wichtigsten KPIs für Unternehmen im E-Mail-Marketing – in %. (Quelle: Statista, 2020, S. 34)

Um die Potenziale der E-Kommunikation auszuschöpfen, ist die Versendung von E-Mails und E-Newslettern umfassend in die Unternehmenskommunikation einzubinden. Hierdurch lassen sich Off-line-Kampagnen – etwa in Print oder im TV – in den Online-Bereich verlängern. Die E-Kommunikation kann auch Anstöße vermitteln, um weitere Aktivitäten in den sozialen Medien auszulösen. Zur Umsetzung des E-Mail-Marketings bieten sich verschiedene **Dienstleister** an. Hier seien exemplarisch nur ein paar erwähnt:

* *CleverReach* (www.cleverreach.com/de/)
* *Newsletter2Go* (www.newsletter2go.de)
* *GetResponse* (www.getresponse.de)
* *Sendinblue* (www.de.sendinblue.com/)

In der nachfolgenden **Checkliste zur Ausgestaltung der E-Kommunikation** sind die relevanten Aspekte, die beim Einsatz von E-Mails und E-Newslettern Berücksichtigung finden sollten, zusammengestellt. Jedes Unternehmen ist gut beraten, seine bisherigen Aktivitäten daran zu spiegeln und hierdurch ggf. notwendigen Weiter-entwicklungsbedarf zu identifizieren.

* **Sind die Ziele für die Kommunikation per E-Mail und/oder E-Newsletter transparent und operational formuliert (mehrere der folgenden Ziele können gleichzeitig angestrebt werden)?**

  – Gewinnung von Interessenten und/oder Kunden
  – Betreuung von Interessenten
  – Betreuung von Kunden zur Stärkung der Kundenbindung
  – Betreuung von Kunden zur Ausschöpfung von More-, Cross- und/ oder Up-Sell-Potenzial
  – Imageaufbau
  – Kommunikation neuer Angebote, Vertriebskanäle etc.
  – Zuführung von Kunden zum Online-/Offline-Shop

* **Sind die Zielgruppen für die Kommunikation per E-Mail und/ oder E-Newsletter transparent formuliert?**

  – Interessenten
  – Kunden
  – Pressevertreter
  – Andere Meinungsführer
  – Mitarbeiter

* **Sind die Key-Performance-Indicators der E-Kommunikation definiert und stehen die zur Ermittlung relevanten Informationen zur Verfügung?**

  – Bounce-Rates (Hardbounces/Softbounces)
  – Öffnungsraten
  – Klick-Raten auf die verschiedenen Angebote in E-Mails/E-Newslettern
  – Conversion-Rates (bspw. Kaufraten, Anzahl von Downloads, Anforderung von Informationen)
  – Weiterleitungsraten
  – CPI der Aktion
  – CPO der Aktion

* **Weisen alle eingesetzten eigenen E-Mail-Adressen eine Permission nach dem Double-Opt-in-Verfahren auf?**
* **In welcher Form findet eine Personalisierung bzw. Individualisierung der Inhalte statt?**

  – Personalisierung der Ansprache
  – Individualisierung der Inhalte
  – Personalisierung des Absenders (ggf. mit Foto)

* **Wird eine hohe Relevanz aus Empfängersicht erreicht?**

  – Zielgruppenorientierung der Inhalte (E-Mails und/oder E-Newsletter für verschiedene Zielgruppen – wie Interessenten, Neukunden und Stammkunden bzw. Damen/Herren – werden differenziert ausgestaltet, um deren unterschiedlichen Informationsbedürfnissen Rechnung zu tragen)
  – Zielgruppenorientierung des Ansprachekanals (E-Mail- bzw. E-Newsletter-Kommunikation stellt für die Zielgruppe relevantes Kommunikationsmedium dar)
  – Zielgruppenorientierung der Response-Kanäle (Angebot der präferierten Response-Kanäle, bspw. E-Mail, Fax, Internetadresse, Telefon, postalische Adresse, *Facebook, Twitter, WhatsApp, Xing, LinkedIn*)

* **Ist eine gute Lesbarkeit der Inhalte sichergestellt?**

  – Schriftgröße stellt eine gute Lesbarkeit der zentralen Inhalte für die Zielpersonen sicher
  – Betreffzeile beinhaltet die relevanten Unternehmens-, Produkt- und/oder Angebotsnamen
  – Betreffzeile vermittelt erste Benefits
  – Betreffzeile ist auch bei unterschiedlichen E-Mail-Clients und Devices in der angestrebten Form dargestellt und wird nicht unpassend verändert
  – Darstellung der Inhalte erfolgt auch bei unterschiedlichen E-Mail-Clients und Devices in der angestrebten Form
  – Darstellung der Inhalte kann auch beim mobilen Abruf der Nachrichten überzeugen (Stichwort „Responsive Design")

- „Above the fold" werden die zentralen Inhalte der E-Kommunikation sichtbar
- Dem flüchtigen Leser erschließen sich die zentralen Benefits, ohne den gesamten Text lesen zu müssen (Scannability)
- Sicherstellung einer transparenten Navigation durch ein verlinktes Inhaltsverzeichnis
- Stimmige Bilder werden systematisch zur Steigerung der Aufmerksamkeit und der Klick-Raten eingesetzt

* **In welchen Bereichen soll die E-Kommunikation unterstützen?**

- Links zu weiterführendem Content (bspw. zur Corporate Website, zu spezifischen Landing-Pages mit weiterführenden Informationsangeboten)
- Links zu Inhalten in den sozialen Medien, wie *Facebook, Instagram, Pinterest, SlideShare, Snapchat, TikTok* oder *YouTube* (Verlängerung der Kommunikation in die sozialen Medien)
- Einsatz von PURLs, um Nutzern personalisierte und individualisierte Online-Inhalte auf der Corporate Website zu präsentieren
- Transaktionsbezogener Einsatz (Einsatz flankierend zu einer laufenden Transaktion, bspw. einer Bestellung, um eine Beantwortung der diesbezüglichen Fragen sicherzustellen)
- Ereignisbezogener Einsatz (bspw. zum Geburtstag, zum Namenstag, zu bestimmten Jahreszeiten, zu Ostern, zu Weihnachten) mit personenbezogenen bzw. personenunabhängigen Triggern
- Promotionbezogener Einsatz (Übermittlung spezifischer Angebote, bspw. in Form von Coupons)
- Kaufbezogener Einsatz (bspw. bei nicht abgeschlossenen Kaufprozessen, etwa bei Warenkorbabbrechern)

* **Wird eine hohe Performance der E-Kommunikation sichergestellt?**

- Zeitnahe Reaktion bei eingehenden E-Mail-Anfragen und E-Newsletter-Abonnements durch Versand einer automatischen Eingangsbestätigung

- Zeitnaher Versand von Newslettern nach einer entsprechenden Anmeldung zum Newsletter-Bezug
- Einholung von Feedback nach abgeschlossenen Service-/ Kommunikationsprozessen (bspw. in Form des NPS)

* **Werden die zentralen Inhalte der E-Kommunikation laufend überprüft und optimiert?**

  - Timing (Tag, Stunde)
  - Frequenz des Versandes
  - Umfang des Inhalts
  - Calls-to-Action
  - Headlines
  - Personalisierung der Ansprache
  - Individualisierung der Inhalte
  - Absenderpersonalisierung

* **Werden die rechtlichen Anforderungen an die E-Kommunikation konsequent berücksichtigt?**

  - Kein Versand ohne Opt-in bzw. ohne Vorliegen der Sonder-regelung nach § 7 (3) UWG
  - Hinweis auf die Abbestellmöglichkeit der E-Kommunikation bei jeder E-Mail und jedem E-Newsletter
  - Angabe von Absender und Impressum

* **Ist eine leistungsstarke E-Kommunikation prozessual sicher-gestellt?**

  - Durch eine leistungsfähige Software im eigenen Unternehmen (CRM, inkl. Marketing-Automation)
  - Durch die Bereitstellung von qualifiziertem eigenem Personal
  - Durch Einbindung einschlägiger Dienstleister

* Stellt die E-Kommunikation einen integrierten Bestandteil der gesamten Unternehmenskommunikation dar?

  - Vernetzung mit laufenden und einmaligen Kampagnen
  - Eindeutige Verantwortlichkeiten für die integrierte Nutzung definiert

> **Ihr Transfer in die Praxis**
>
> * Bauen Sie ein umfassendes Controlling-System auf, um die Performance des E-Mail-Marketings über die verschiedenen Phasen des Kaufprozesses hinweg zu überwachen.
> * Legen Sie die Gesamtverantwortung hierfür eindeutig fest; denn es gilt: Wenn alle verantwortlich sind, ist keiner verantwortlich.
> * Stellen Sie sicher, dass die Daten nicht nur regelmäßig ermittelt, sondern auch konsequent zur Optimierung der E-Kommunikation eingesetzt werden.

Literatur

Newsletter2Go. (2019). *Klickraten und Öffnungsraten 2019*. Newsletter2Go.

5

Auswahl einer E-Mail-Software

Zusammenfassung In diesem Kapitel wird vermittelt, welche Anforderungen an eine E-Mail-Software zu stellen sind. Hierdurch können Prozesse zur Auswahl einer leistungsstarken Software unterstützt werden, ohne die ein professionelles E-Mail-Marketing nicht gelingen kann. Die nachfolgenden Ausführungen setzen auf dem Kapitel E-Mail-Marketing meines Buchs „Praxisorientiertes Online-Marketing" auf.

Was Sie aus diesem Kapitel mitnehmen

- Kriterien, die für die Auswahl einer E-Mail-Software relevant sind
- Aspekte, die bei der Weiterentwicklung des E-Mail-Marketings zu berücksichtigen sind

Die bisherigen Ausführungen haben unterstrichen, welche große Bedeutung der E-Kommunikation zukommt und welche Komplexität dieses Thema annehmen kann. Ohne eine professionelle Software können diese Aufgaben nicht gemeistert werden. Hier kann die **Checkliste für die**

© Springer Fachmedien Wiesbaden GmbH, ein Teil von Springer Nature 2021
R. T. Kreutzer, *E-Mail-Marketing kompakt*,
https://doi.org/10.1007/978-3-658-34217-3_5

Auswahl einer E-Mail-Software eingesetzt werden. Es gilt, in Abhängigkeit vom Geschäftsmodell festzulegen, welche **Basisfunktionalitäten** als Voraussetzung für eine erfolgreiche E-Kommunikation angesehen werden und was interessante **Zusatzfunktionalitäten** sind. Diese Auswahl ist an den Kosten der entsprechenden Angebote zu spiegeln. Übersteigt der Aufwand für den Versand von E-Mails und/oder E-Mail-Newslettern das vom Unternehmen selbst zu bewältigende Maß, bietet sich eine **Vielzahl einschlägiger Dienstleister** zur Übernahme dieser Aufgaben an.

Folgende Fragestellungen sind bei der **Auswahl einer E-Mail-Software** zu berücksichtigen:

* **Personalisierung der Anrede:** Unterstützt das Programm eine persönliche Anrede?
  Eine korrekte persönliche Anrede wirkt sich tendenziell positiv auf die Response-Quote aus. Deshalb sollte das Personalisierungsmodul eine korrekte Anrede generieren, die nicht nur auf die Nutzung des Vornamens (zusätzlich zum Familiennamen) in der Anredefloskel verzichtet, sondern auch akademische Titel (wie Dr. und Prof. Dr.) korrekt verarbeitet. Auf Anreden wie „Hallo Ralf Kreutzer" sollte verzichtet werden.
* **Personalisierung der Betreffzeile:** Unterstützt das Programm eine Personalisierung der Betreffzeile?
  Eine Personalisierung der Betreffzeile (z. B. „15 % Sonderrabatt für Sie, Herr Professor Kreutzer") wirkt sich tendenziell positiv auf die Response-Quoten aus.
* **Individualisierung der Betreffzeile:** Unterstützt das Programm eine Individualisierung der Betreffzeile?
  Eine Individualisierung kann durch den Zugriff auf Daten aus der Interessenten- bzw. der Kundenhistorie bzw. auf Adressdaten erfolgen, die in einer CRM-Datenbank vorliegen (sollten). So kann der Hinweis „Eröffnung eines Ladengeschäfts in Bonn" in der Betreffzeile bei den Empfängern im Einzugsgebiet von Bonn verwandt werden.
* **Individualisierung des Inhalts:** Unterstützt das Programm eine modulare Individualisierung des Inhalts?

Die Individualisierung der Betreffzeile kann sich im Text der E-Mail bzw. des E-Newsletters fortsetzen. Das Text-Modul „Ladeneröffnung in Bonn" wird nur bei den Empfängern angezeigt, die im relevanten Einzugsgebiet wohnen.

* **Personalisierung des Absenders:** Unterstützt das Programm eine Absenderpersonalisierung?
  Eine persönliche Unterschrift einer E-Mail oder eines E-Newsletters kann sich positiv auf die Kundenbeziehung auswirken. Hier ist zu prüfen, ob die Kunden für den Versand ihrem jeweiligen Betreuer zugeordnet werden können, um dann die passende Namen-Unterschrift-Kombination einzufügen (ggf. mit Foto).

* **Preview-Checker der Betreffzeile:** Verfügt das Programm über eine Preview-Funktion?
  Die verschiedenen E-Mail-Clients und Devices stellen Betreffzeilen unterschiedlich dar. Diese können gekürzt werden, sodass die gewünschte Botschaft nicht mehr transportiert wird. Ein Preview-Checker ermittelt für wichtige E-Mail-Clients und Devices **vor** dem Versand, wie die Betreffzeile dargestellt wird.

* **Auto-Responder:** Verfügt das Programm über einen Auto-Responder?
  Ein Auto-Responder ermöglicht es, dass ein E-Mail-Empfang seitens des Unternehmens unverzüglich bestätigt wird. Damit wird der Sender über den Eingang seiner E-Mail per Auto-Reply informiert.

* **Bounce-Management:** Verfügt das Programm über verschiedene Möglichkeiten, um Rückläufer von E-Mail-Aussendungen zu verwalten?
  Im Zuge des Bounce-Managements sollte das Programm verschiedene Optionen bieten, um Hard- und Softbounces zu verarbeiten.

* **Formatsteuerung durch die CRM-Datenbank:** Unterstützt das Programm die Formatauswahl durch Zugriff auf eine CRM-Datenbank?
  Bei regelmäßigen Versandaktionen (etwa bei E-Newslettern) empfiehlt sich die Abfrage des präferierten Formats beim Empfänger. Dieses kann in einer CRM-Datenbank abgelegt und bei Bedarf

geändert werden. Bei jedem Versandprozess wird das vom Empfänger präferierte Format hier abgefragt.

* **Spam-Checker:** Verfügt das Programm über einen Spam-Checker? Spam-Filter versuchen, Spam-Mails und Spam-Newsletter anhand bestimmter Charakteristika zu erkennen, um diese als Spam zu kennzeichnen und/oder in Spam-Postfächern abzulegen, wo diese i. d. R. nicht mehr gelesen werden. Ein Spam-Checker hilft dem versendenden Unternehmen, ein mögliches Spam-Potenzial **vor** dem Versand zu ermitteln. Ist eine solche Gefahr gegeben, ist die Aussendung so zu modifizieren, dass kein Spam-Risiko mehr besteht.

* **Funktionale Testaussendungen:** Unterstützt das Programm funktionale Testaussendungen? Um Fehler in der E-Kommunikation **vor** dem Versand an die Zielpersonen zu ermitteln, sind funktionale Testaussendungen erforderlich. Diese können an einen Kreis von Testadressen erfolgen, die idealerweise auch verschiedene E-Mail-Clients und Devices abdecken. So kann ermittelt werden, ob Fehler im Konzept bestehen und ob die gewählten Darstellungsarten auch bei unterschiedlichen E-Mail-Clients und Devices „funktionieren". Die zum Einsatz kommenden Testadressen sind nicht mit den Zieladressen der Gesamtaussendung identisch, sondern umfassen bspw. Mitarbeiter der Marketingabteilung und/oder der betreuenden Agentur.

* **Inhaltliche Testaussendungen:** Unterstützt das Programm inhaltliche Testaussendungen? Um unterschiedliche Formen der Personalisierung, der Individualisierung sowie der weiteren inhaltlichen Aufbereitung **vor** dem Versand an die Zielpersonen zu ermitteln, sind spezielle Testaussendungen erforderlich. Diese können an einen kleinen Kreis von Adressen aus der relevanten Zielgruppe erfolgen, um die Varianten mit den besten Response-Quoten zu ermitteln. Es ist sicherzustellen, dass die Empfänger der Testaussendungen die Ansprache nicht ungewollt nochmals durch den Hauptversandt empfangen.

* **Mandantenfähigkeit:** Ermöglicht das Programm die Unterstützung mehrerer Mandanten (bspw. Marken)? Sollen durch eine Software bspw. mehrere Marken betreut werden, so ist dafür eine Mandantenfähigkeit der Software erforderlich. Hierdurch

können bei gleicher Funktionalität die Datenströme separiert werden. So reicht **eine** Software zur Unterstützung mehrerer Marken aus und trägt damit zur Investitionssicherheit der Software-Auswahl bei.

* **Mehrsprachenfähigkeit:** Ermöglicht das Programm die Unterstützung mehrerer Sprachen?
Sollen durch eine Software unterschiedliche Sprachen abgedeckt werden, so ist eine entsprechende Funktionalität erforderlich.
* **Monitoring:** Ermöglicht das Programm ein aktionsbegleitendes Monitoring?
Der Versand von E-Mails und E-Newslettern ermöglicht ein Realtime-Monitoring. Aus diesem kann laufend entnommen werden, wie viele Mitteilungen erfolgreich zugestellt und geöffnet wurden. Außerdem kann kontinuierlich ermittelt werden, welche ergänzenden Informationen bspw. über Links abgerufen wurden.
* **Analyse:** Ermöglicht das Programm eine umfassende Kampagnenanalyse?
Im Anschluss an eine Kampagne können verschiedene Erfolgskennziffern für die Bewertung herangezogen werden, die idealerweise durch die Software ermittelt werden. Dazu zählen u. a.:
* Hard-/Softbounces
* Öffnungsrate
* Themenspezifischer Abruf von weiteren Informationen
* …
* **Schnittstelle zur Warenwirtschaft:** Besitzt das Programm eine Schnittstelle zur Warenwirtschaft, um Inhalte der E-Kommunikation an Informationen zur Lieferfähigkeit auszurichten?
Die Aktualität der online bereitgestellten Informationen hat für die Nutzer hohe Relevanz. Deshalb ist es sinnvoll, dass die E-Kommunikation auf aktuellen Daten zur Warenwirtschaft aufsetzen kann.
* **Schnittstelle zum CRM-System:** Unterstützt das Programm die Möglichkeit, aufgrund des spezifischen Nutzungsverhaltens von Zielpersonen entsprechende Einträge in einer CRM-Datenbank vorzunehmen und Inhalte der E-Kommunikation daran auszurichten?
Das spezifische Nutzungsverhalten der Empfänger liefert kontinuierlich wichtige Hinweise für die Segmentierung auf der Grundlage

des bisherigen Verhaltens (transaktionsorientierte Segmentierung). Orientiert am spezifischen Nutzungsverhalten können zukünftige Aussendungen ausgerichtet werden. Dazu sind entsprechende Einträge in der CRM-Datenbank vorzunehmen.

* **Schnittstelle zum Content-Management-System:** Unterstützt das Programm die Möglichkeit, Inhalte für E-Mails und E-Newsletter direkt aus einem Content-Management-System zu übernehmen?

  Unternehmen, die komplexe und umfangreiche Inhalte für ihre Kommunikation einsetzen, verwenden zu deren Verwaltung häufig spezifische Content-Management-Systeme. Es ist sicherzustellen, dass bei der E-Kommunikation auf diese Inhalte über Schnittstellen zugegriffen werden kann, um fehleranfällige Mehrfacheingaben zu vermeiden.

* **Schnittstelle zur mobilen Kommunikation:** Unterstützt das Programm eine mobile Kommunikation?

  Im Kontext der Omni-Channel-Kommunikation wird es immer wichtiger, die zentralen Kommunikationskanäle durch ein System zu steuern. Deshalb ist sicherzustellen, dass auch diese Schnittstellen durch die eingesetzte Software unterstützt werden.

* **Referenzen der Anbieter:** Welche Referenzanwendungen der entsprechenden Software gibt es?

  Bei der Analyse von Referenzanwendungen ist zu prüfen, ob die anderen Anwender vergleichbare Geschäftsmodelle einsetzen. Wichtig ist, sich auch mit den regelmäßigen internen Nutzern und den Administrationen der Software auszutauschen – nicht nur mit den Einkäufern und zuständigen Führungskräften.

* **TCO (Total Cost of Ownership):** Welche Kosten sind mit dem Einsatz einer E-Mail-Software (als Lizenzierung bzw. als Dienstleistung) insgesamt verbunden?

Hierzu zählen u. a.:

* Monatliche/jährliche Lizenzgebühr
* Monatliche/jährliche Wartungsgebühr
* Aufwand zur Schulung von Mitarbeitern
* Gebühren zur Aktualisierung von Inhalten

Jedes Unternehmen sollte sich fragen, ob der gesamte Prozess der E-Kommunikation im eigenen Unternehmen durchgeführt oder an Dienstleister vergeben werden sollte. Die Entscheidung ist abhängig davon, wie umfassend die **E-Kommunikation als Treiber in die Wertschöpfungskette** eingebunden ist. Je ausgeprägter dies der Fall ist, desto mehr spricht für eine In House-Lösung, vorausgesetzt, die dafür notwendigen Experten sind verfügbar.

Ihr Transfer in die Praxis

* Überprüfen Sie die heute von Ihnen eingesetzte Software anhand dieser Kriterien.
* Ermitteln Sie, welche Defizite einem zukünftigen Einsatz im Wege stehen.
* Analysieren Sie, ob die relevanten Defizite durch ein Upgrade von Software oder den entsprechenden Dienstleister behoben werden können oder ob ein Austausch der Software notwendig wird.
* Definieren Sie die Milestones zur Problemlösung.

Printed in the United States
by Baker & Taylor Publisher Services